上海财经大学校史丛书

图说上财：1917—2017

喻世红　主编

上海财经大学出版社

图书在版编目（CIP）数据

图说上财：1917—2017/喻世红主编. —上海：上海财经大学出版社，2017.9
 ISBN 978-7-5642-2795-1/F·2795

Ⅰ.①图… Ⅱ.①喻… Ⅲ.①上海财经大学—校史 Ⅳ.①G649.285.1

中国版本图书馆CIP数据核字（2017）第180721号

责任编辑：朱静怡
书籍设计：陈　杰　郭咪咪

TUSHOUSHANGCAI: 1917—2017
图说上财：1917—2017

著　作　者：喻世红　主编
出版发行：上海财经大学出版社有限公司
地　　址：上海市中山北一路369号（邮编 200003）
网　　址：http://www.sufep.com
电子邮箱：webmaster@sufep.com
经　　销：全国新华书店
印刷装订：上海雅昌艺术印刷有限公司
开　　本：787mm×1092mm　1/16
印　　张：20.75
插　　页：3
字　　数：252千字
版　　次：2017年9月第1版
印　　次：2017年9月第1次印刷
定　　价：168.00元

谨以本书献给

上海财经大学建校 100 周年！

上海财经大学校史丛书编写委员会

主　任
丛树海　樊丽明

副主任
陈信元　朱鸣雄

委　员
（按姓氏笔画排序）

王　玲　王淑范　朱红军　朱迎平　刘庆生
刘志远　李　宏　应望江　沈　晖　沈亦骏
张次博　陈启杰　倪志兴　徐龙炳　唐家乾
章益国　喻世红　程　霖　靳玉英

本书编写组

主　编
喻世红

参编人员
罗　盘　陈玉琴　韩云云　高冰冰

序

习近平同志强调:"重视历史、研究历史、借鉴历史,可以给人类带来很多了解昨天、把握今天、开创明天的智慧。"上海财经大学建校百年跌宕起伏的发展历史,就是帮助人们认识和了解上海财经大学乃至中国高等财经教育的一个最好的老师,而《图说上财:1917—2017》就是一本讲述上财故事、饱含智慧与启迪的最好的教科书。

每所大学的历史都是一座富矿。《图说上财:1917—2017》所展示的一幅幅图片,所讲述的一个个故事,所还原的一段段历史,承载着沧桑变迁,蕴含着丰富内涵,积淀着跨越时空而又弥久常新的精神特质和文化品格。这种精神特质和文化品格,是学校的精髓和灵魂之所在,是建设一流大学文化的牢固根基,是传承创新优秀文化、引领社会文明进程的不竭源泉。这种精神特质和文化品格至少包含以下几个方面。

经世济国的家国情怀。上海财经大学的诞生,是近代中国人"实业救国"、"教育救国"思潮的产物,正如学校首任校长郭秉文所说:"说到底,没有任何灵丹妙药可以医治好我们民族的伤口,而只有工业、商业和教育,才有可能为解决重大国计民生问题而铺平道路",上海商科大学的设立,"必将为国家繁荣……做出自己应有的贡献"。学校首任教务主任马寅初以"经济匡时"砥砺学子,希望广大学子学以致用、服务国家、引领社会。上海财经学院时期，院长姚耐向广大学子发出了"一切为着建设祖国"的号召，既呼应时代需求，又绵延学校精神。学校百年办学历程中，始终与国家民族的复兴梦同向而行，既不断适应国家社会需求培养高端财经人才，又主动对接国家和地方重大战略需求，关注和回应经济社会发展热点和难点问题，及时提供上财人的对策建议与智慧，不断践行上财人的办学初衷和使命担当。

敢为人先的创新精神。作为中国最早的商科大学，学校自办学早期起就将自身定位为"研究商业学术之最高机关"，以培养富有创新精神之企业家为目标，并在全国率先创设保险学系和合作学系，"以实验示范"，配合学校之使命，因应社会之需要。改革开放以来，学校抓住办学机遇，坚持追求卓越的办学精神，不断挑战自我，敢为人先，不断进行突破体制、机制、传统观念束缚的改革实践。学校获得一系列全国"首批"成果：全国首批博士、硕士学位授予单位，首批国家重点学科，首批 MBA 授权单位，首批社会科学博士后流动站，首批国家经济学基础人才培养基地，首批创新创业典型经验高校等。学校实施的"经济学创新平台"项目、"三位一体"海外高层次创造性人才师资管理机制等一系列改革创新举措，有力提升了学校的办学水平和层次，起到良好的示范引领效应。

海纳百川的开放胸怀。郭秉文作为中国近代高等教育的先驱，其办学主张面向世界、融合中西、取长补短，注重"国内与国际的平衡"，上海商科大学专任教师中欧美名校留学归国者一度达到 71%。20 世纪 50 年代初期的院系调整，学校汇聚了华东地区各高等院校的财经系科，群贤毕至，名师云集，不同学缘背景、各有学派专长的学者互为融合、相得益彰，充分体现了学校海纳百川的气魄与胸襟。改革开放以来，学校进一步明确国际化办学战略，努力构建面向世界的具有"中国特色、上财风格"的高等财经教育教学体系。学校实施"Global SUFE"计划，与世界各国和各地区的高校和研究机构开展多层次、宽领域的交流与合作；实施国际组织人才培养计划，努力为国家培养具有国际视野、通晓国际规则、能够参与国际事务和国际竞争的国际化人才。"国际化示范学院推进计划"、"高等学校学科创新引智计划"的入选，推动学校国际化办学迈上新的台阶。

求真务实的办学风格。求真务实，一方面表现为学校始终坚持质量优先、内涵发展的方略。学校致力于通过教育的理念、内容、方法手段和管理等方面，提高人才培养质量。在办学早期，学校对学生的培养即注重"固其基础、厚其潜力"，"凡事之有裨于学生进德修业者，靡不锐意推行"，毕业学生"早经博得社会上之美评"。新时期，学校两次获得教育部本科教学水平评估优秀评价，商学院通过了 AMBA 认证、中国高质量工商管理认证和 ACCSB 认证，会计学院通过了 AAPEQ（A 级成员单位）认证。学校不追求学生的数量、学科的综合、学校的规模，约束外延发展，重视内涵发展、特色发展，先后实施"造峰填谷"、"高峰高原"学科战略，在保持财经特色的基础上，建设高水平研究型大学。求真务实，还表现为学校坚持励精图治、勤俭办学的传统。学校早期办学中长期因陋就简，租用校舍办学，两次新建校舍均毁于战火，但随即赁屋开学，确保弦歌不辍；1978年复校以来，学校十分注重办学绩效，将有限的资源重点配置在学科建设、师资队伍建设、人才培养等方面，单位投入产出跃居教育部直属高校前列。二十一世纪初，学校抓住上海产业结构调整和高校布局调整的契机，因地制宜，自力更生，开辟新校区，既显著缓解了办学资源紧张的矛盾，又有效控制了办学成本。

　　百年上财，百年珍藏。翻开这本珍藏的记忆，感悟历史，展望未来，一定能从中汲取智慧和力量，更好地传承和弘扬百年上财所积淀的优秀精神特质和文化品格，为中国的高等教育事业和中华民族的伟大复兴不懈追求，不断前行。

樊丽明

2017 年 8 月 16 日

前 言

作为中国近代高等商科教育的先行者，从1917年到2017年，上海财经大学走过了一百年的历程。上海财经大学应时代与社会之需而生，随中国社会经济变迁与高等教育改革而变，从无到有，聚沙成塔，九易其名，十迁其址，她的百年历程与国家民族的命运紧紧相连，她亲历、见证了中国高等教育的变迁，参与并推动了中国高等财经教育的发展。

1917年，为呼应国内民族工商业发展和培养商科师资的需求，南京高等师范学校添设商业专修科，这是学校的源头。1921年，著名教育家、首任校长郭秉文高瞻远瞩，将商科迁址上海，设立上海商科大学，"国内有商科大学，自本校始"，从此学校担负起培养先进商科人才、振兴国家工商业的重任。1932年，学校独立建制，以"研究商学、培植商业人才、领导商人"为使命的国立上海商学院成为国内唯一独立本科商学院、"研究商业学术最高机关"。抗战期间，校舍两度被毁，仍弦歌不辍、坚持办学。1949年，学校勃发新生，经历院系调整，"汇集了华东地区各高等学校财经系科而成为华东地区唯一的综合性的财经院校"的上海财经学院为新中国的经济建设输送了数以万计的优秀人才。后学校"两落两起"，终于在1978年得以艰苦复校。1985年，学校更名为上海财经大学，此后相继进入"211工程"、"985工程优势学科创新平台"、"双一流"建设高校行列，学校事业不断迈上新台阶。

为了让读者更好地了解上财历史，了解其蕴含的办学思想和文化精神，经过思考，我们选择了"图说"这一形式，确定编撰《图说上财：1917—2017》这本书。本书由图、文两部分组成，撰写中采用了以图带文、以文释图的形式，图文并茂，以达到让大家更加直观、生动、亲切地了解上财历史的目的。我们希望读者通过一幅幅图片、一段段文字，简捷而又全面地了解学校的历史沿革、办学特色与办学成就，通过每一个故事、每一个人物，去感受、体会一代代上财人的顽强坚韧与不懈追求。

本书根据学校发展阶段分为四篇，第一篇"肇始金陵、蜚声沪上（1917—1932）"反映初创阶段商业专修科、上海商科大学以及国立中央大学商学院时期的历史；第二篇"独立办学、烽火薪传（1932—1949）"反映学校独立为国立上海商学院后在战火中艰难办学的历史；第三篇"曲折前行、复校创业（1950—1985）"反映新中国建立后更名为上海财政经济学院（上海财经学院），历经拆并、重建、撤销、复校的曲折发展历程；第四篇"追求卓越、迈向一流（1985—　）"反映学校更名为上海财经大学后不断开拓进取、打开新局面、迈上新台阶，努力建设具有鲜明财经特色的高水平研究型大学的发展历程。根据内容，前三篇以时间为序分章撰写，第四篇以专题分章撰写。

上海财经大学的百年历史跌宕起伏，波澜壮阔。在撰写过程中，我们尽可能地以准确简练的文字和珍贵丰富的图片还原、重现学校的百年历程与风貌。我们希望这本书能让更多的人了解这所百年学府的过去与现在，并共同期待她更加美好的未来！

编者

2017年9月

目 录

001　校训、办学理念、校史沿革

005　**第一篇　肇始金陵　蜚声沪上（1917—1932）**
006　第一章　肇始金陵——南京高等师范学校商业专修科时期（1917—1921）
017　第二章　独树一帜——上海商科大学时期（1921—1927）
049　第三章　继往开来——从国立第四中山大学商学院到国立中央大学商学院时期（1927—1932）

075　**第二篇　独立办学　烽火薪传（1932—1950）**
076　第四章　独立建制——抗战初期的国立上海商学院（1932—1937）
105　第五章　烽火薪传——全面抗战中的国立上海商学院（1937—1945）
113　第六章　战后复员——黎明前的国立上海商学院（1946—1949）

133 第三篇 曲折前行 复校创业（1950—1985）

134 第七章 江河汇海——新生的上海财政经济学院（1950—1958）

167 第八章 曲折发展——重建的上海财经学院（1960—1972）

186 第九章 恢复提高——复校初期的上海财经学院（1978—1985）

209 第四篇 追求卓越 迈向一流（1985—2017）

210 第十章 厚积薄发

226 第十一章 学科建设

238 第十二章 人才培养

262 第十三章 科学研究与社会服务

282 第十四章 教师队伍

292 第十五章 开放办学

309 第十六章 文化建设与校园景观

317 历任党委书记与校（院）长

328 校址变迁

335 后记

【校训】

厚德博学
经济匡时

[办学理念]

面向社会

求真务实

立德树人

经世济国

【校史沿革】

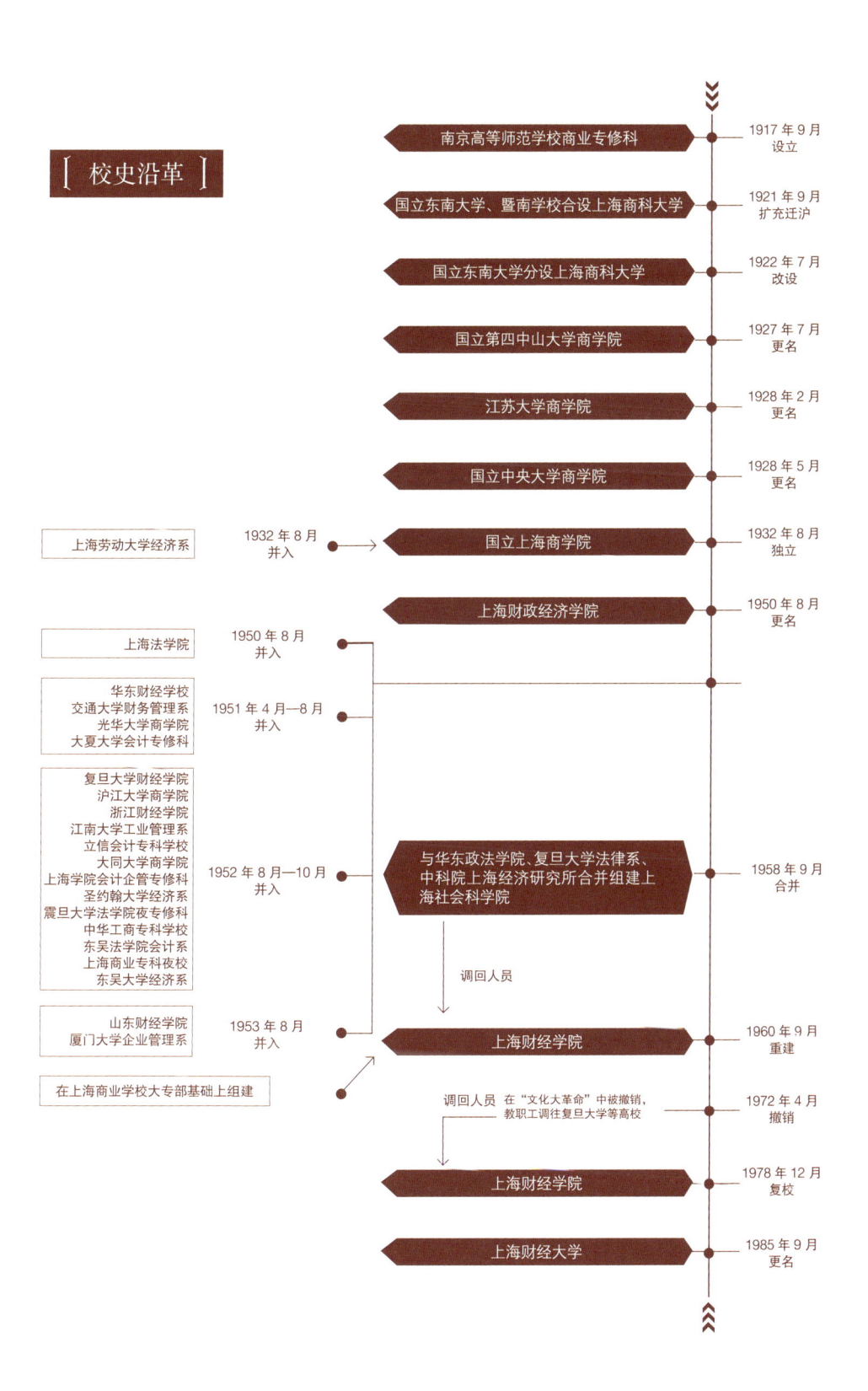

1917年9月 设立	南京高等师范学校商业专修科	
1921年9月 扩充迁沪	国立东南大学、暨南学校合设上海商科大学	
1922年7月 改设	国立东南大学分设上海商科大学	
1927年7月 更名	国立第四中山大学商学院	
1928年2月 更名	江苏大学商学院	
1928年5月 更名	国立中央大学商学院	
1932年8月 独立	国立上海商学院	1932年8月 并入：上海劳动大学经济系
1950年8月 更名	上海财政经济学院	1950年8月 并入：上海法学院；1951年4月—8月 并入：华东财经学校、交通大学财务管理系、光华大学商学院、大夏大学会计专修科
1958年9月 合并	与华东政法学院、复旦大学法律系、中科院上海经济研究所合并组建上海社会科学院	1952年8月—10月 并入：复旦大学财经学院、沪江大学商学院、浙江财经学院、江南大学工业管理系、立信会计专科学校、大同大学商学院、上海学院会计企管专修科、圣约翰大学经济系、震旦大学法学院夜专修科、中华工商专科学校、东吴法学院会计系、上海商业专科夜校、东吴大学经济系
1960年9月 重建	上海财经学院	调回人员；1953年8月 并入：山东财经学院、厦门大学企业管理系；在上海商业学校大专部基础上组建
1972年4月 撤销	调回人员 在"文化大革命"中被撤销，教职工调往复旦大学等高校	
1978年12月 复校	上海财经学院	
1985年9月 更名	上海财经大学	

1917

第一篇
肇始金陵 蜚声沪上
1917 – 1932

1917年，为适应民族工商业对商业人才的需要，南京高等师范学校设立商业专修科，此为上海财经大学的源头。1921年，商科扩充改组并迁址上海，创建上海商科大学，"国内有商科大学，自本校始"。从此，学校扎根沪上，担负起培植商业专门人才、研究商业学术的历史责任。

第一章

肇始金陵
——南京高等师范学校商业专修科时期（1917—1921）

一、南京高等师范学校

　　南京高等师范学校的前身为清末所设的"三江师范学堂"。1914年，江谦受命筹办南京高等师范学校。1915年，南京高等师范学校正式成立，江谦任首任校长，并聘请郭秉文任教务主任。1919年，郭秉文接掌校印。江谦与郭秉文掌校期间，大力推动学校改革，至1920年，南京高等师范学校具有8系8科，已突破高等师范之界限，具备综合大学雏形，所谓"民国十年左右，'南高'与'北大'并称，隐隐然成为中国高等教育上两大支柱"。

第一章　肇始金陵

南京高等师范学校全景（1918年）

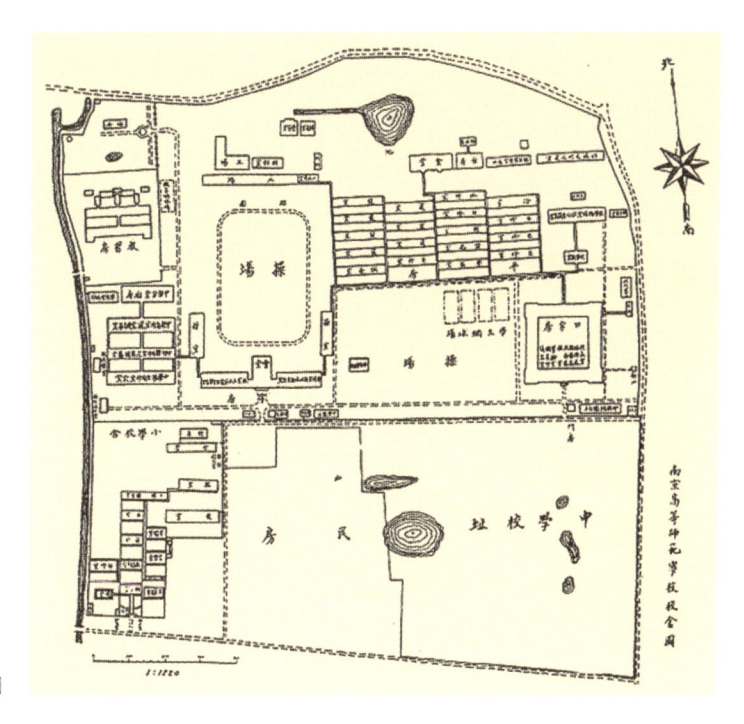

南京高等师范学校校舍平面图

江谦（1876—1942）

字易园，号阳复居士，徽州婺源人，近现代著名教育家，中国近代教育事业的先驱。早年受业于南京文正书院，1902年中式经济特科。曾任江苏省教育司长等职。1914年8月，受命筹办南京高等师范学校，1915—1919年担任校长一职。

校长江谦

南京高等师范学校校训"诚"

南京高等师范学校以"诚"为校训，期望师生"以诚立德、以诚求知、以诚健身、以诚立业"。

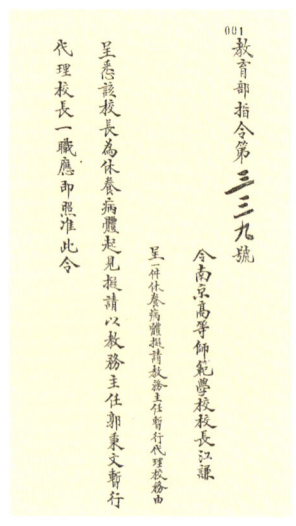

《郭秉文暂行代理校长一职》，教育部指令第三三九号（1918年3月）

1918年3月，校长江谦因病休养，由教务主任郭秉文暂行代理校长一职。1919年9月，郭秉文正式担任南京高等师范学校校长。

二、商业专修科的开设

1917年，为适应民族工商业对商业人才的需要，南京高等师范学校决定增设商业专修科，此为上海财经大学之源头。

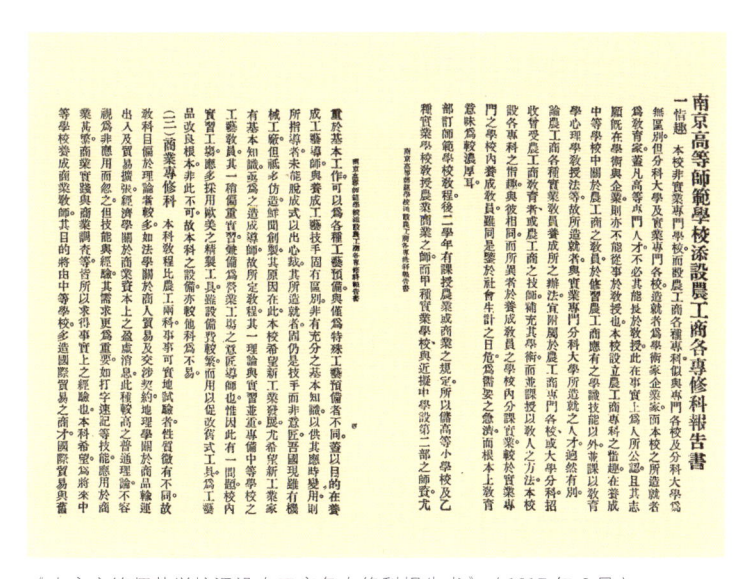

《南京高等师范学校添设农工商各专修科报告书》（1917年6月）

郭秉文在《添设农工商各专修科报告书》指出："本校依据智育标准，以适应社会需要，为设科宗旨。……鉴于人民生产力薄弱，而一般毕业学子又多乏智识技能，解决之法惟有提倡职业教育。本校为预养师资起见，因于五年（1916年）秋季除续招国文、理化两部外，增设工艺专修科，六年（1917年）秋季又续招工艺专修科，并增设农业、**商业专修科**，以应中等职业学校之需求。"

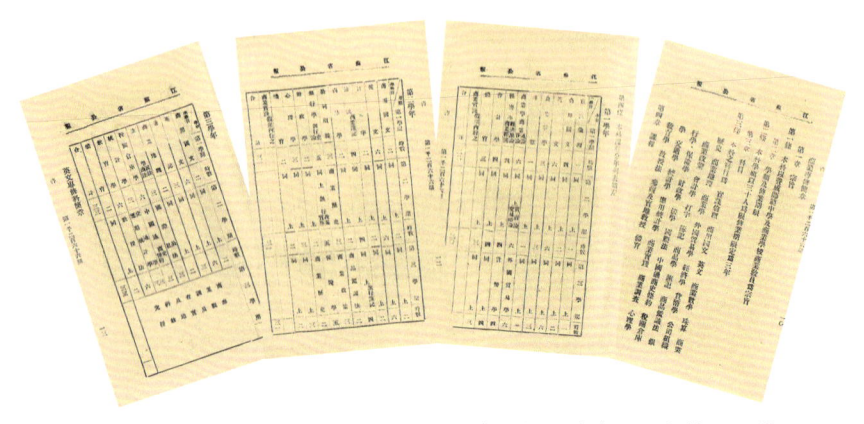

"南京高等师范学校商业专修科简章",《江苏省公报》1917年第1266期

"商业专修科简章"包括宗旨、学额及修业期限、科目、课程共四章，指出"本科以养成师范中学及商业学校商业教员为宗旨，本科学额以三十人为限，修业期限定为三年"。

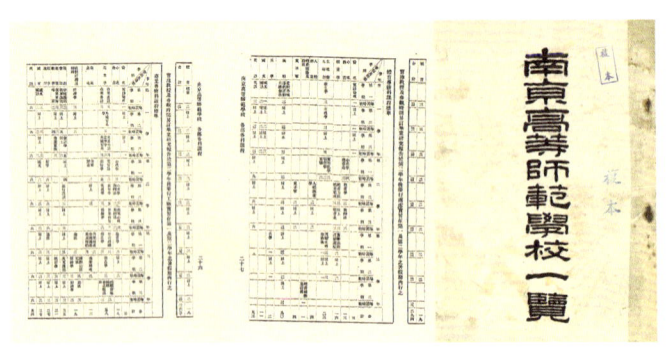

《南京高等师范学校一览》（1918年发行，1966年版）

《南京高等师范学校一览》包含对学校各系各科，包括商业专修科的详细介绍。商业专修科设有普通商业学和会计学两科，课程包括普通商业学、民商法、商业地理、薄记，还有英文、打字等技能课程，这些课程基本可以满足当时社会对商业教育的需求。

三、商业专修科的办学

"招生广告"中列明1917年首届商业专修科的试验科目为国文、英文、数学、中外史地。1918年，试验科目为国文、英文、数学。

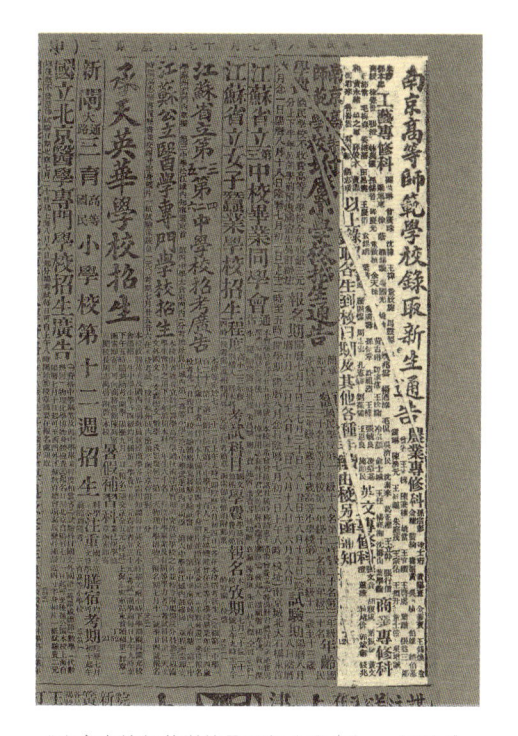

"南京高等师范学校招生广告"，《申报》1917年7月1日

"南京高等师范学校录取新生通告"，《申报》1917年7月18日

南京高等师范学校商业专修科首批录取新生27人。商业专修科的开设受到了社会的欢迎，《申报》（1918年7月）在报道中称："该校额定数35人，惟此次投考学生甚众，约250余人，以考商科者为最多，教育科、农科次之，体育科最少。"

商业专修科毕业人数一览

时间	毕业人数
1920	28
1921	33
1924	21

商业专修科从1917年正式开始招生，共招收了三届学生，毕业生共计82人。

商科教学注重联系实际，学生成立了商业研究会、商社等组织，研究商科学问、实践商科知识。课堂学习之外，还辅之以实习、参观等，学生在校有"商社学习"，暑假被"派往各商店实习"，"每班学生毕业前，均派往有关系之机关参观一切"。

"商业研究会通告"，《南京高师日刊》第四百九十三号（1921年5月2日）

《校友会杂志》中有商业专修科学生撰写的《保商篇》、《外币在华之流通概况》、《支票交换所略述》、《中国关税政策议》、《说裁厘加税不可并行之理由》等七篇论文，从论文选题可见当时在校仅一年的商业专修科学生所学知识和关注的问题已相当广泛。

《南京高等师范学校校友会杂志》第一期（1918年）

四、商业专修科的师资

南京高等师范学校成立后,"该校职教各员,多经留学欧美,学有专长"。

杨杏佛(1893—1933)

名铨,字杏佛,江西清江人,社会活动家、民主爱国人士。早年加入同盟会,参与武昌起义。毕业于唐山路矿学堂、康奈尔大学、哈佛大学商学院,获工商管理学硕士学位(MBA)。留学期间参与发起创办中国科学社和《科学》杂志。曾任南京高等师范学校、国立东南大学教授、工科主任,1919年起任商业专修科主任。1921年起担任孙中山秘书,积极开展国民革命。1932年参与发起组织中国民权保障同盟,任总干事。

商业专修科主任 杨杏佛

杨杏佛巧助学生

1920年后,杨杏佛不再担任商业专修科主任,但是一直担任国立东南大学教授。有一次,他来上海商科大学讲课。杨杏佛喜欢在课后留半小时的讨论时间,渐渐注意到有个学生发言特别积极。这个学生就是曹立瀛,在同学中年纪最小,却好学上进,成绩优异。相熟后,杨杏佛不免对这个家境贫寒却聪明勤奋的青年生出了几许怜爱惜才之情。有一次,他对曹立瀛说："听说你家境不丰，经济拮据，卖文为生，你不必瞒我，我可以帮助一些"。在得知曹立瀛经常投稿以赚取稿酬补贴学费后，杨杏佛决定授之以渔。他对曹立瀛说："你来我家，隔壁就是《民国日报》主笔叶楚伧的家"。于是，曹立瀛成了杨家的常客。问学之余，他还给杨师母和他们年仅五六岁的长子杨小佛讲故事。根据杨小佛回忆，父亲在校任教期间身体很不好，患肺病，每天早上都要咳血，两个妹妹又先后在南京和上海病故，加上学校又拖欠工资，甚为苦恼，故"曹立瀛等学生的倾慕和尊敬也是一种安慰"。此后，杨杏佛又介绍叶楚伧、郁达夫、毕倚红等有名的文人雅士给曹立瀛认识。曹立瀛的学问也因此有了长进，给报刊的投稿命中率大大提升，自身经济拮据的状况也得到很大缓解。

潘学安（1891—1964）

上海人，民国时期著名保险从业者。毕业于宾夕法尼亚大学，获经济学硕士学位。曾任南京高等师范学校商科教授，讲授经济、保险等课程。1920年任美亚保险公司创始人史带的秘书。1921年参与创办友邦保险公司，后升任副总经理。1927年与刘鸿生、陈光甫创办大华保险公司。

潘学安

王敬礼（1885—?）

浙江黄岩人。毕业于北京大学，获伯明翰大学商科学士学位。曾任南京高等师范学校教师，讲授商业课程。

王敬礼

卫挺生（1890—1977）

字申父，号经野，湖北枣阳人，经济学家。毕业于清华学校、哈佛大学，获商业管理及文学硕士学位。曾任南京高等师范学校商科教授，讲授商业通论、商业地理等课程，后参与筹办国立东南大学。

卫挺生

朱公钊（1883—?）

字勉生，江苏上元人。毕业于南洋公学、哈佛大学，获法学硕士学位。宣统年间获赐法政科进士出身，授翰林院庶吉士。曾任南京高等师范学校教师，讲授商业课程。

朱公钊

朱进（1886—1922）

字进之，号达善，江苏无锡人。毕业于哥伦比亚大学，获哲学（经济学）博士学位。曾任南京高等师范学校社会学、商业学教授。1921年参与创办上海商科大学，曾任校长办公处副主任。

朱进

第二章

独树一帜

——上海商科大学时期
（1921—1927）

一、国立东南大学

1920年9月，郭秉文联合张謇、蔡元培、王正廷、沈恩孚、蒋梦麟、穆藕初、黄炎培、袁希涛、江谦共十人，联名向北洋政府教育部提出"拟就南京高等师范学校校址，及南洋劝业会旧址，建设南京大学，以宏造就"。12月7日，经北洋政府国务会议全体通过，同意以南京高等师范学校为基础筹建大学，定名为国立东南大学。1921年9月，中国第二所国立综合性大学——国立东南大学正式开学。郭秉文任国立东南大学首任校长。到1924年，国立东南大学设置5科30系，学科之齐全居全国之首，被誉为当时中国东南地区的最高学府。

南京高等师范学校、国立东南大学并存时期的校门

1923年，南京高等师范学校学生全部毕业后，南京高等师范学校名称取消。

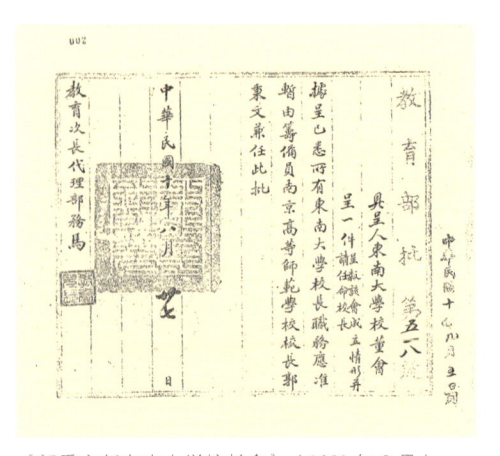

《郭秉文任东南大学校长令》（1921年8月）

二、上海商科大学的创办

　　1920年，在筹建国立东南大学规划各学科时，"决定将南高师商科扩充改组为商科大学，以人材与环境之关系，分设上海"。当时暨南学校也有在上海设立商业专科计划，遂议定由两校合办，藉以"集中人材、节省经费"，定名为国立东南大学暨南学校合设上海商科大学，1921年9月开学。1922年3月，暨南学校退出，商科大学改由国立东南大学独办，改定校名为国立东南大学分设上海商科大学。

上海商科大学霞飞路290号"尚贤堂"校址（1921年9月—1926年6月）

　　学校租借法租界霞飞路290号"尚贤堂"房屋为校舍。

上海商科大学印章

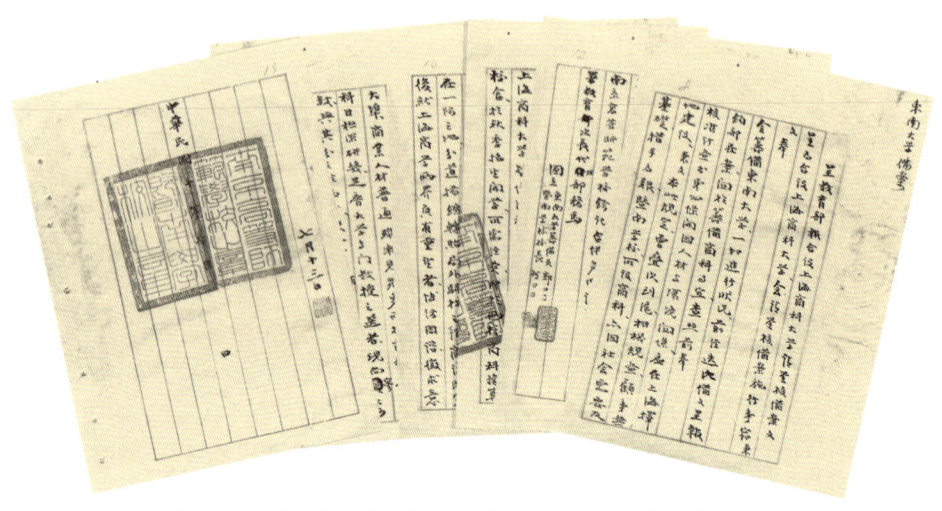

《呈教育部报合设上海商科大学签核备案文》（1921年7月13日）

1921年7月，郭秉文、柯成懋两人就合设事联名呈报教育部备案，在《呈教育部报合设上海商科大学签核备案文》中写道："关于筹备商科事宜，查照前奉准核计划书第四条开：因人材与环境关系，应在上海择地建设"，"况两校举办商科，意在造就高等商业人材，期地点拟定上海，意在适应环境，宗旨即同，正不妨合一炉而治，以期易于产生美果"。

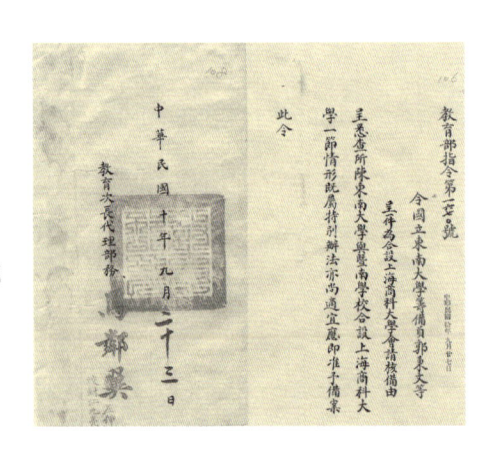

1921年9月，备案获教育部批准。

《教育部关于合设上海商科大学的指令》
（1921年9月23日）

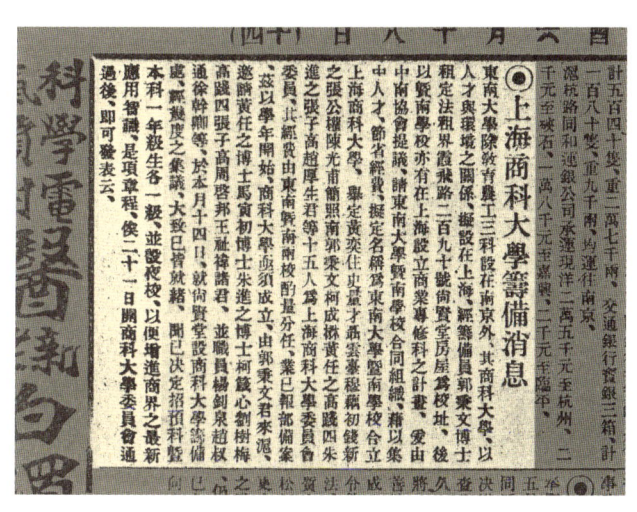

"上海商科大学筹备消息",《申报》1921年7月22日

"消息"报道:"……其商科大学,以人才与环境之关系,拟设在上海,经筹备员郭秉文博士租定法租界霞飞路二百九十号尚贤堂房屋为校址……"

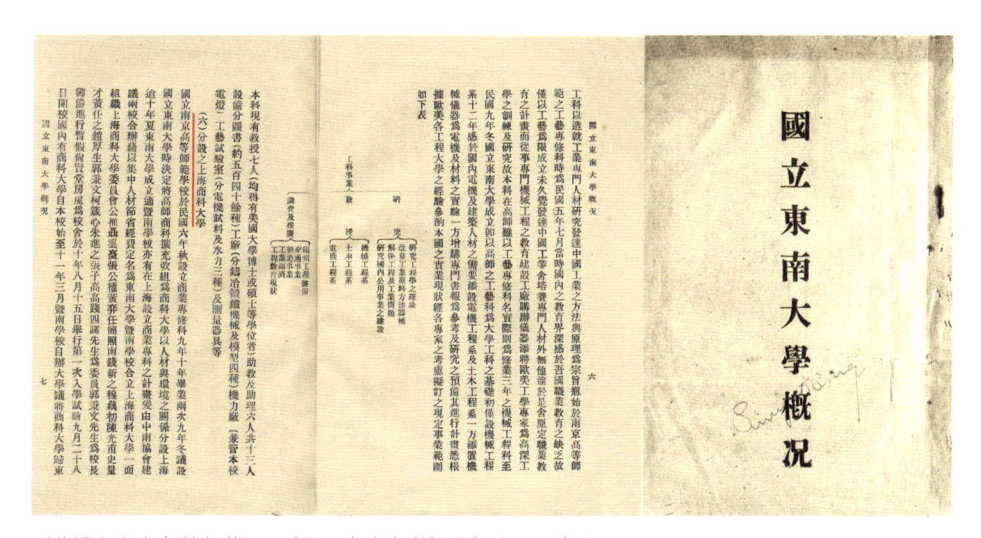

"分设之上海商科大学",《国立东南大学概况》(1924年)

三、首任校长郭秉文

郭秉文（1880—1969）

字鸿声，江苏江浦人，教育家、社会活动家，被誉为"中国现代大学的开创者"。毕业于伍斯特学院、哥伦比亚大学教育师范学院。是第一位获哲学（教育学）博士学位的中国人。1915年回国，参与筹建南京高等师范学校并任教务主任，1918年起任代理校长、校长，积极筹建国立东南大学。1921年任国立东南大学首任校长。筹建国立东南大学期间，全力推动商科迁址上海，成立上海商科大学，1921年任上海商科大学首任校长。1927年离开教育界后曾任中国海关总税务司、国民政府财政部次长、联合国善后救济总署副总长兼秘书长等一系列重要职务。他通过个人活动推动了中国教育的国际化进程，通过设立华美协进会等组织加强了中美在文化教育领域的交流，通过担任公职为国家服务，为抗战立功。郭秉文的贡献遍及教育、财政、外交、文化交流、商业等多个领域，是中国近代历史上最活跃的教育家和社会活动家之一。

首任校长　郭秉文

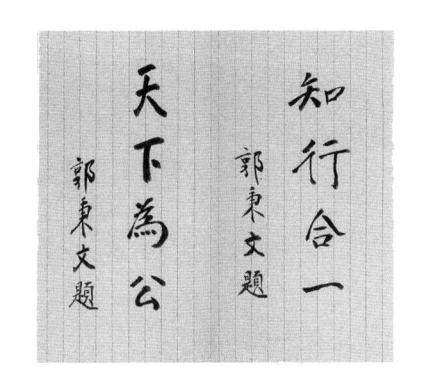

郭秉文手迹：知行合一　天下为公

郭秉文与上海商科大学

　　1921年，郭秉文亲手创办了国立东南大学和上海商科大学。作为中国现代高等教育的先驱，其教育思想具有丰富的内涵，并形成了一套较为完整的办学理念。在培养目标上，他提倡三育并举、全面发展，主张对训育、智育、体育三者并举而使学生的才能、体魄、精神、道德和学术诸方面都得以"相当发达"；在学科设置上，主张文理并重、学术并举，大学的人文学科和自然学科应同步协调发展；在办学宗旨上，强调面向实际、服务社会。郭秉文晚年曾对学生张其昀谈到五十年前的办学方针，将其归纳为一个"平"字，他说："《大学》里'平天下'的'平'字，乃是治学治事最好的座右铭。**就大学教育而言，应该力求通才与专才的平衡、人文与科学的平衡、师资与设备的平衡、国内与国际的平衡。**"

　　郭秉文对上海商科大学倾注了特别的关切。在筹办东南大学的同时，他奔波于宁沪之间，不遗余力地筹办商科大学，从与暨南学校协商合设，到选址、聘请教员，再到筹措资金，终于使上海商科大学与东南大学于1921年9月同时开学。上海商科大学的创建，是郭秉文"文理并重、学术并举"理念的典型体现。

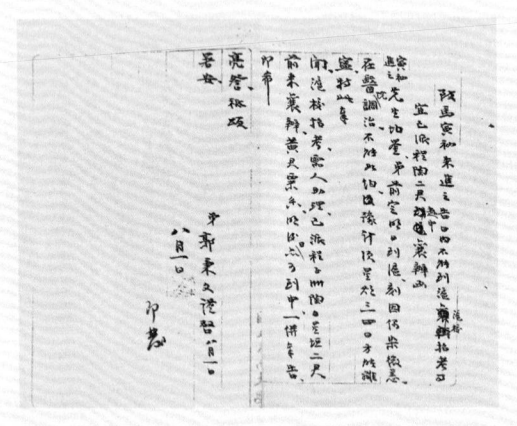

郭秉文致马寅初、朱进之决定派人负责上海商科大学招生事宜的信函（1921年8月）

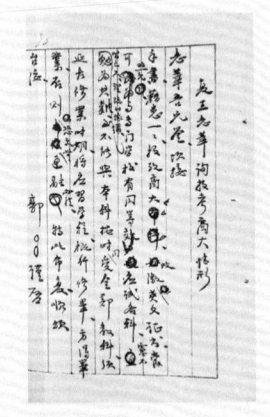

郭秉文致学生王志莘关于入读上海商科大学的信函（1921年8月）

1924年，郭秉文发表在《远东工商活动》上的《中国的商科教育》一文是中国较早专论商科教育的文献。此文全面回顾了20世纪以来中国商科教育的发展历程，指出它虽然尚处于"婴儿时期"，但已经显现出"成长的可能性"。他自豪地向社会介绍"商科教育的发展是值得注意的事例。一个严格意义上的商学院建立的尝试，是直到1921年作为国立东南大学五大学院之一的上海商科大学的出现。它在中国高等商科教育所处的奇特和几乎独一无二的地位"。并提出"社会非常需要一个强有力的教育机构，来致力于培养一大批不仅具有商业知识和技能，还有组织能力和领导素质的学生"。这正是上海商科大学的学生培养目标。

"THE COMMERCIAL EDUCATION IN CHINA", *FAR EASTEN COMMERCIAL AND INDUSTRY ACTIVITY*, 1924（"中国的商科教育"，《远东工商活动》1924年）

1925年1月6日，国民政府教育部突然发布解除郭秉文校长职务的训令。国立东南大学校内"倒郭"和"拥郭"的师生相互冲突，爆发"易长风潮"。1月7日，国立东南大学分设上海商科大学全体教职员紧急召开联席会议，通电支持郭秉文。2月下旬，郭秉文不得不接受校董会委派赴欧美考察教育的安排，黯然离职。

《国立东南大学暨分设上海商科大学全体教职员宣言》（1925年2月12日）

四、"国内有商科大学，自本校始"

"上海商科大学招生广告"，《申报》1921年7月23日

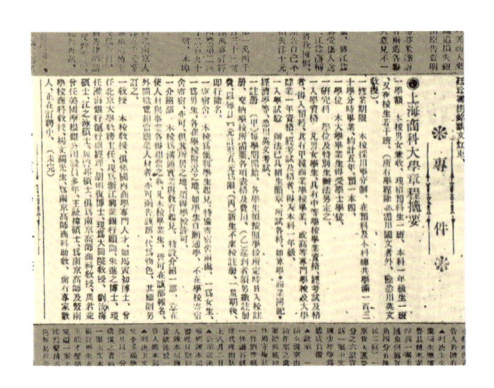

"上海商科大学章程摘要"，《申报》1921年8月4日

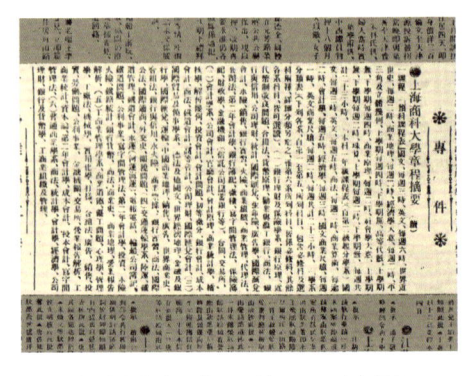

"上海商科大学章程摘要（续）"，《申报》1921年8月5日

"章程摘要"详细介绍了上海商科大学的招生名额、学费、修业年限、住宿、教授履历等，并摘录了上海商科大学各系学生需要修习的各类课程。

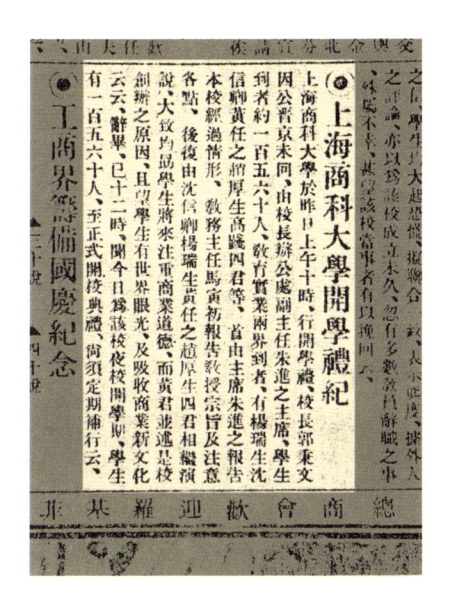

"开学礼记"中报道:"上海商科大学于昨日上午十时,行开学礼,校长郭秉文因公晋京未回,由校长办公处副主任朱进之主席。学生到者约一百五六十人,教育、实业两界到者有杨瑞生、沈信卿、黄任之、赵厚生、高践四君等。……教务主任马寅初报告教授宗旨及注意各点……"

"上海商科大学开学礼记",《申报》1921年9月29日

"上海商科大学"一文介绍了商科大学的基本信息,并提到学校主要师资来自海外,并招收了10名女学生。上海商科大学也是我国较早招收女大学生的大学之一。

Shanghai College of Commerce, *THE WEEKLY REVIEW*. Nov. 19. 1921,("上海商科大学",《密勒氏评论报·远东版》1921年11月19日)

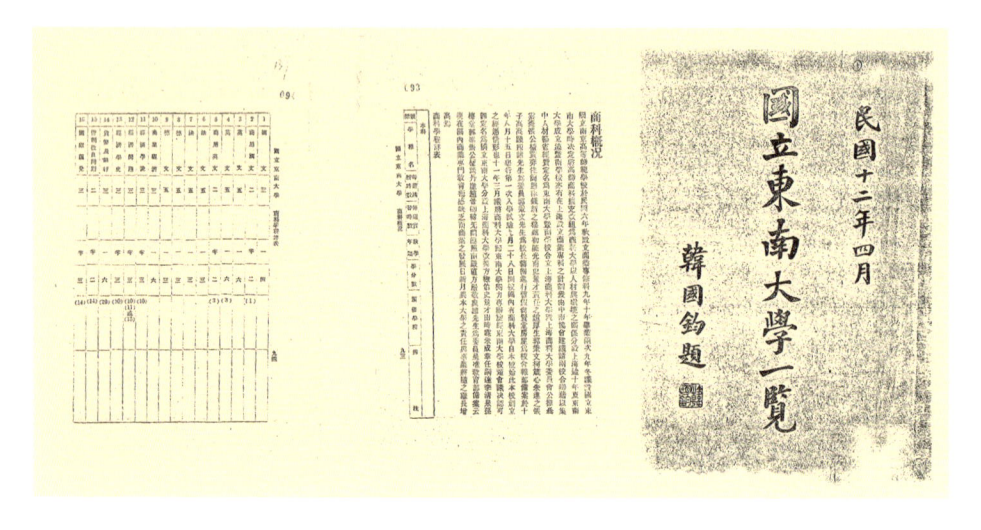

"商科概况",《国立东南大学一览》(1923年4月)

　　"商科概况"中写道:"迨十年夏,东南大学成立,适暨南学校亦有在上海设立商业专科之计划……定名为东南大学暨南学校合立上海商科大学……郭秉文先生为校长……于十年八月十五日举行第一次入学试验,九月二十八日开校。**国内有商科大学,自本校始**。此本校创立经过之情形也。"

五、学校体制与管理

国立东南大学设置校董会作为学校决策机构，其职权为决定学校大政方针、审核预算决算、推举校长、决策系科设置等。1921年6月，上海商科大学在筹办之时，就"由两校各推若干人，并共推上海商界之负重望者，合组商科大学委员会，为最高议事机关"，并即推出委员黄奕柱、史量才、聂云台、穆藕初、钱新之、张公权、陈光甫、简照南、郭秉文、柯成懋、黄任之、高践四、朱进之、张子高、赵厚生等十五人，后又公推国立东南大学校长郭秉文兼商科大学委员会主任。

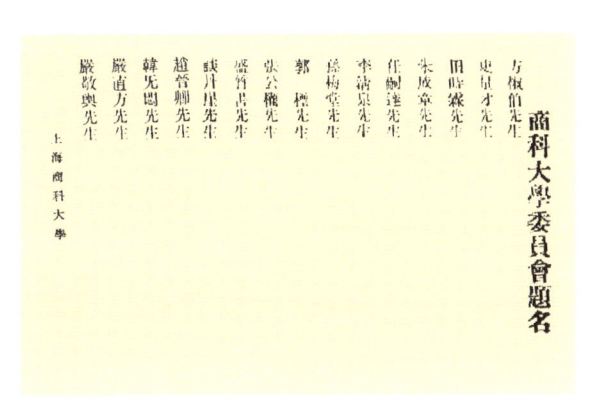

1923-1924年度上海商科大学委员会委员名单

1922年3月，商科大学归国立东南大学独办，委员重新进行了推选。商科大学委员会举行会议的消息常见于报端，并常与国立东南大学校董会在上海举行联席会议，商议重要事宜。

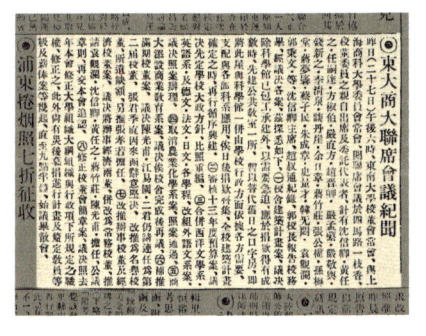

"东大商大联席会议纪闻"《申报》
（1924年4月30日）

-029-

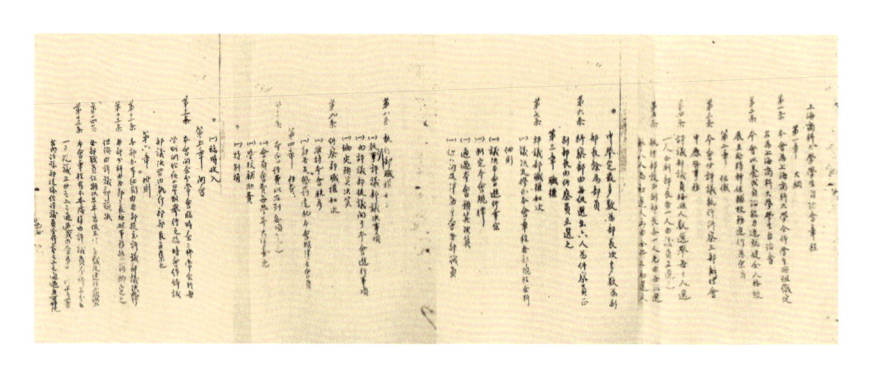

《上海商科大学学生自治会章程》(1921年)

上海商科大学实行学生自治,"该校校制,采用欧美,学生全系自动,校中并不预闻",校内成立学生自治会,膳食、课余活动等均由学生自理。自治会工作遇到困难,直接向校长汇报,校长亲自接洽学生,帮助解决问题。

国立东南大学分设上海商科大学学生会印章

"五卅"运动中,不少学生积极参与,在校内成立了"自强会"、"自兴会"。

六、完备的商学系科设置

《国立东南大学暨南学校合立上海商科大学招生简章》（1921年）

从"招生简章"可见，上海商科大学学生分为预科（一年）和本科（四年）两个层次，本科一年级不分学系。并实行学分制和选课制，本科修满128学分方可毕业，学有余力者还可同时修读学分以获得第二学位。

上海商科大学的系科设置

普通商业系　会计系　工商管理系　银行理财系　国际贸易系　交通运输系（计划）　保险系（计划）

上海商科大学设置普通商业、会计、工商管理、银行理财、国际贸易、交通运输和保险七系（后两系未招生），学系设置已较为完备，各系课程总数达70门，在同时期的商科院校中是最为齐全的。

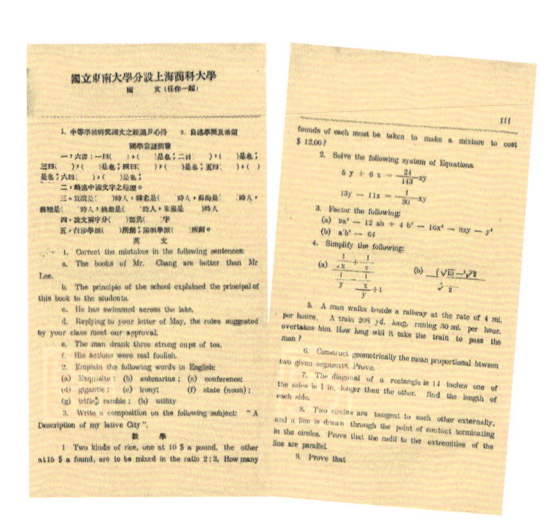

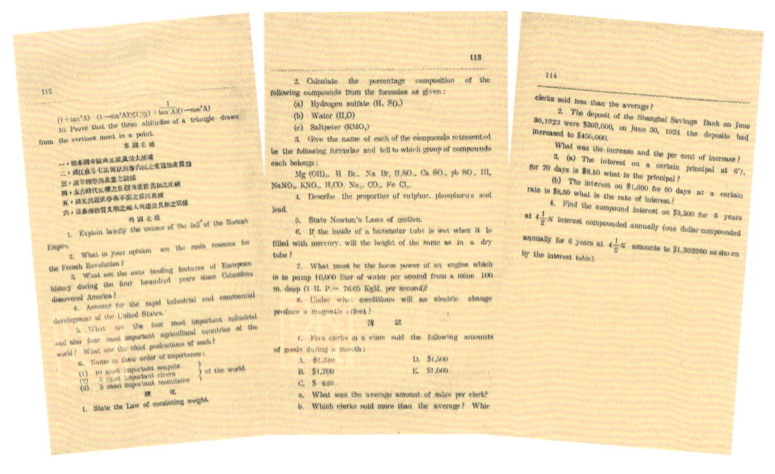

国立东南大学分设上海商科大学入学试题（1924年）

  上海商科大学对学生外语要求很高，凡报考本科一年级者，须接受国文、英文、数学（代数、几何、三角）、经济学大意、簿记学、商业算数、世界近现代史、世界商业地理等试验，其中除国文外均用英文试验。学生要修习第二外语（法文、德文），各课程教科书和参考书全用英文原版。

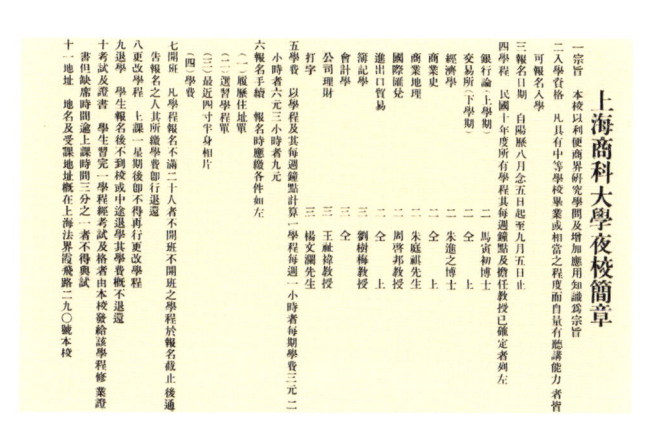

《上海商科大学夜校简章》（1921年）

"上海商科大学夜校开学纪"，《申报》1921年10月1日

上海商科大学设夜校，与日校同日开学，"专为在外服务商界青年补习学问及应用知识而设，故所定之学程咸以注重实用为宗旨"，"以便各银行、公司执业者补习之机会，学程有银行学、广告学、会计学、商业心理等重要科目。"夜校受到社会的热烈欢迎，开办两年中"就学者达六百余人，先后所开学程有九种"。此外，1924年春，商科大学数十名热心平民教育的学生开设了"商大平民夜校"，由学校师生捐助经费，为小学程度的平民免费施教，两年内学生达五百余人。

七、优秀师资

上海商科大学注重延揽著名学者，拥有一支由归国英美留学生为主体的教员队伍。1924年聘任的24名教师中，有留美经历的14人（其中博士3人、硕士7人、学士2人、研究院肄业2人），另有1名留英博士和2名美籍教师，共占教师总数的71%。

首任教务主任 马寅初

马寅初（1882—1982）

名元善，字寅初，浙江嵊县人，著名经济学家、教育家、社会活动家。毕业于北洋大学、耶鲁大学、哥伦比亚大学，获哲学（经济学）博士学位。1915年回国，曾任北京大学经济学系教授、教务长。1921年协助郭秉文筹备上海商科大学，1921年9月任上海商科大学首任教务主任。后任国民政府立法院立法委员，国立中央大学、金陵大学、国立交通大学、重庆大学等校教授。1949年后历任浙江大学校长、中央人民政府委员、华东军政委员会副主席、北京大学校长等职。

第二章 独树一帜

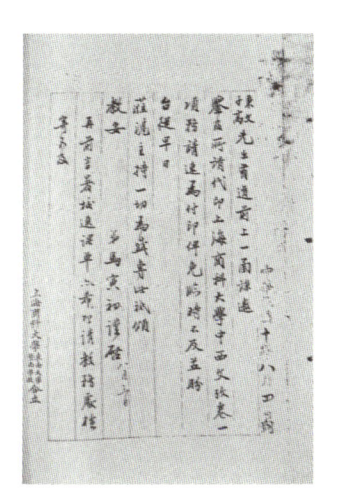

马寅初致郭秉文关于上海商科大学招生考试的信函（1921年8月）

"马寅初已就上海商大教务主任"，《申报》1922年6月28日

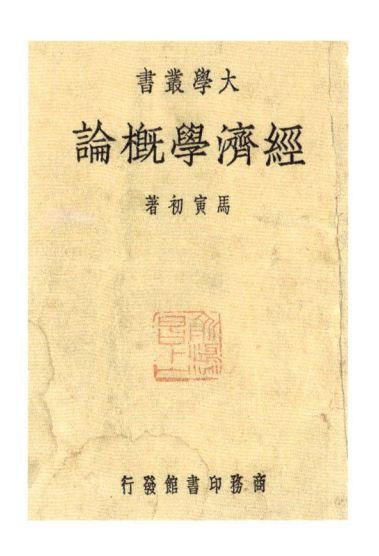

在书的"修订版自序"中提到"余任教授、专讲纯粹经济学……即就上海商大之讲义……编成七篇二十一章，名之曰《经济学概论》"。本书即根据他在上海商科大学任教时的讲义整理而成。

《经济学概论》（1947年版）

程其保（1895—1975）

字稚秋，江西南昌人。毕业于清华学校、芝加哥大学、哥伦比亚大学师范学院，获哲学（教育学）博士学位。曾任国立东南大学执行秘书兼教育系教授。1925—1927年任上海商科大学主任、代理校长。

程其保

胡明复（1891—1927）

江苏无锡人，数学家。毕业于南洋公学、康奈尔大学、哈佛大学，获哲学（数学）博士学位，是中国第一位现代数学博士。曾任上海商科大学数学教授。

胡明复

李道南（1885—？）

江苏南京人。伊利诺伊大学商科学士，纽约大学研究院肄业。曾任上海商科大学教务部主任、会计系主任兼代理普通商业系主任。

李道南

李权时（1895—1982）

字雨生，浙江镇海人。毕业于清华学校、芝加哥大学、哥伦比亚大学，获哲学（经济学）博士学位。曾任上海商科大学教授。

李权时

潘序伦（1893—1985）

原名嗣曾，江苏宜兴人，会计学家、会计教育家，被誉为"中国现代会计之父"。毕业于圣约翰大学、哈佛大学、哥伦比亚大学，获哲学（经济学）博士学位。1924—1927年任教于上海商科大学，担任教务主任兼会计系主任，讲授会计学。

潘序伦

林振彬（1896—1976）

字吟秋，福建福州人，被誉为"中国广告之父"。毕业于清华学校、哥伦比亚大学、纽约大学，获商学硕士学位。曾任上海商科大学教授。

林振彬

刘树梅（1885—1940）

又名锡章，湖南沅陵人，革命烈士。毕业于欧柏林大学、哈佛大学，获博士学位。曾任南京高等师范学校商科教授、国立东南大学教授、上海商科大学夜校部教授。

刘树梅

柳诒徵（1880—1956）

字翼谋，江苏镇江人，历史学家、古典文学家、图书馆学家。毕业于三江师范学堂。曾任南京高等师范学校国文、历史教授，后任上海商科大学教授，讲授商业历史等课程。

柳诒徵

严谔声（1897—1969）

浙江海宁人，著名报人。曾就读于大同大学。曾任上海商科大学国文教授。

严谔声

叶元龙（1897—1967）

安徽歙县人，教育家、社会活动家。毕业于大同大学、威斯康星大学，获经济学硕士学位。曾任上海商科大学夜校部教授。1952—1958年任上海财经学院教授。

叶元龙

钟伟成（1898—1986）

江苏江都人，管理教育家。毕业于圣约翰大学、伊利诺伊大学。曾任上海商科大学教授。

钟伟成

邝光林（1898—?）

字籍三，广东台山人。早年毕业于美国哥伦比亚大学、哈佛大学，获商科硕士学位。归国后曾任商务印书馆编辑所英文部主任。曾任上海商科大学教授。

邝光林

八、学术研究与学术团体

《东大商科丛刊》是东南大学商科学生会创办、发行的半月刊。主要刊载商学研究文章及诗歌、小说、校闻等。

《东大商科丛刊》第三号（1925年）

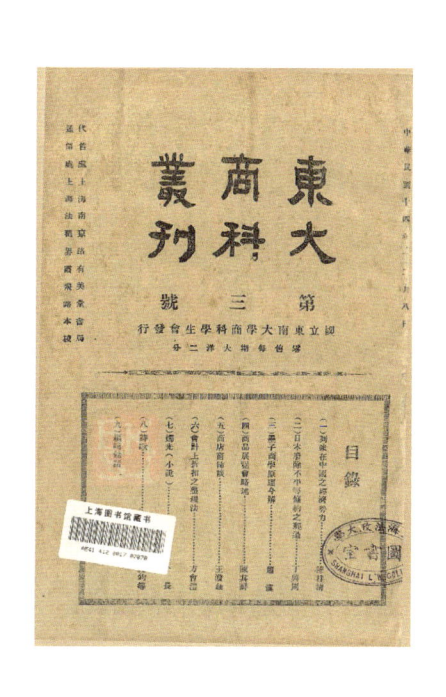

上海商科大学学术研究会全体会员合影（1926年6月）

"学术研究会"由上海商科大学庚午级同学于1926年春组织成立，研究会每周五开会一次，切磋商科学问。

会计学会与《会计学杂志》

1925年春，商科大学会计系同学成立了以"研究已有之学说、调查我国已有之会计制度及设法改进之"为宗旨的"国立东南大学上海商科会计学会"。这是上海商科大学的第一个学术社团。

《章程》提出：学会"以研究会计学理调查及改造中国现有之会计制度为宗旨"；"会员由名誉会员和普通会员构成，凡会计专家及本校教授皆得由本会酌请为名誉会员，凡本校会计系同学毕业及未毕业者皆得为本会普通会员，其他各系同学得以本会会员二人之介绍入会。"学会聘请会计专家沈籁清、李道南、潘序伦等教授为名誉会员。

《国立东南大学分设上海商科大学会计学会章程》

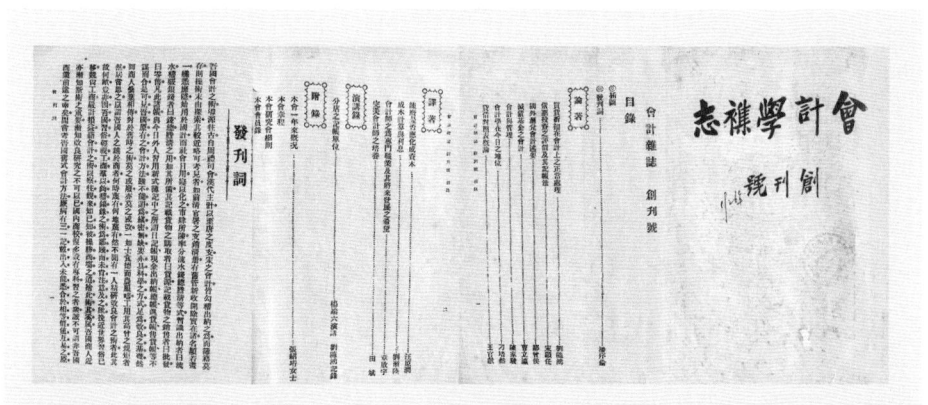

《会计学杂志》创刊号（1926年3月）

1926年，会计学会出版刊物《会计学杂志》，潘序伦教授为创刊号撰写发刊词。

国立东南大学分设上海商科会计学会
欢送莫迪教授回国合影（1926年）

国立东南大学商科会计学会
第五届会员摄影（1927年5月）

"顾维钧之商科大学演讲",《申报》1922年5月19日

学校邀请胡适、顾维钧、余日章、王宠惠、李石岑、杜舒里等国内外著名学者、名流来校演讲,涉及哲学、政治、经济、教育、社会等各方面,开拓学生的视野。

上海商科大学图书馆(1926年8月)

图书馆购置了不少商科书籍,并使用较先进的办法进行管理,便于学生查阅。

1926年秋,国立东南大学20余位教授联名提出《创办大学研究院案》,经校务委员会讨论决议"文、理、教育、农、商五科合立一研究院",学成者可授予相应学位,包括商科硕士。商科代表为潘序伦。后因战事,经费无着,未能开办。

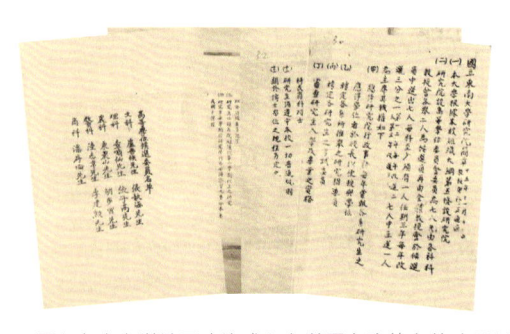

国立东南大学关于决议成立大学研究院的文件(1926年)

九、商大学子

1923年上海商科大学学生人数统计表

性别\科别\生别			日校 本科 第一年	第二年	第三年	合计	预科	总计	夜校	总数
学程数			38				8	46	8	54
正式生		男	42	68	42	152	53	205	179	384
		女	3	3	1	7	/	7	10	17
		合计	45	71	43	159	53	212	189	401
特别生	甲种	男	14	/	/	14	7	/	/	/
		女	2	/	/	2	/	/	/	/
		合计	16	/	/	16	/	16	/	16
	乙种	男	9	/	/	/	/	/	/	/
		女	2	/	/	/	/	/	/	/
		合计	11	/	/	11	/	11	/	11
总数						186	53	239	189	428

——《国立东南大学分设上海商科大学一览》（1923年）

1925年，上海商科大学普通商业、会计、工商管理、银行理财、国际贸易五系首届毕业54人。1925—1927年，上海商科大学毕业三届学生共计194人。

图说上财：1917—2017

上海商科大学第一届毕业生合影（1925年）

上海商科大学部分同学合影（1926年）

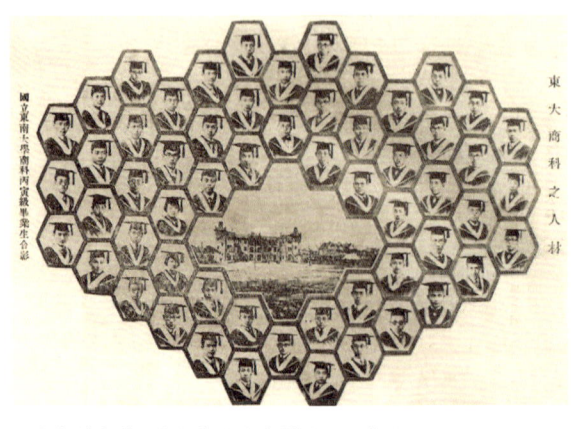

上海商科大学丙寅级毕业生合影（1926年）

上海商

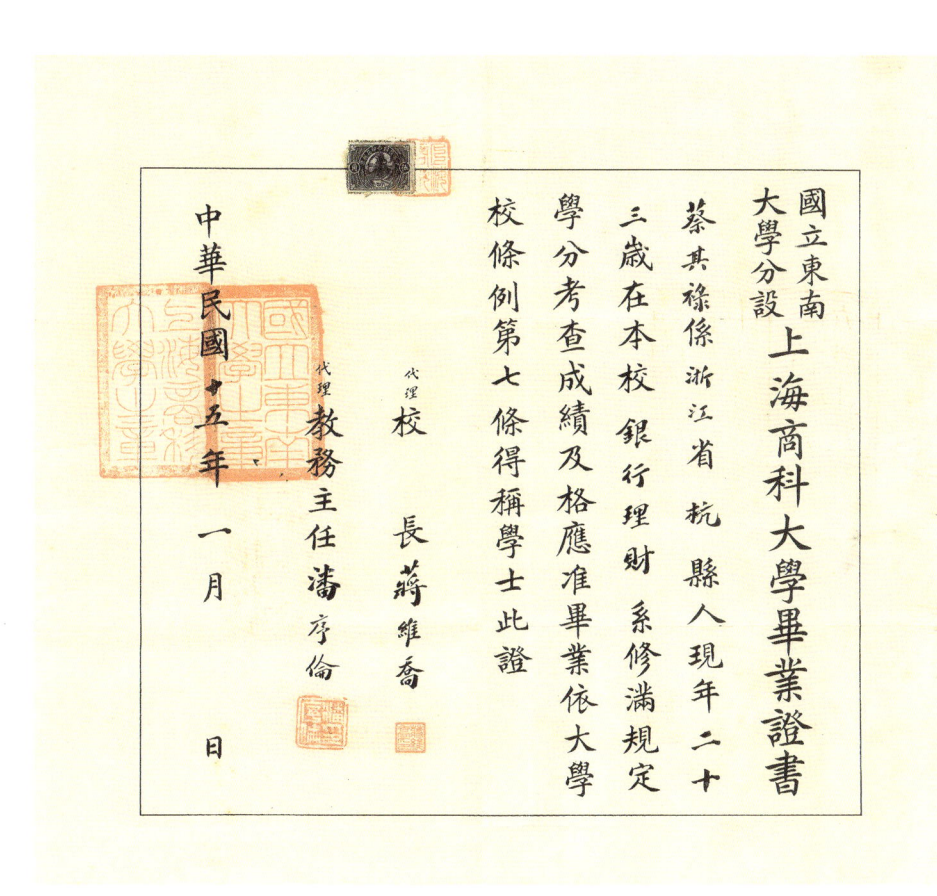

國立東南大學分設上海商科大學畢業證書

蔡其祿係浙江省杭縣人現年二十三歲在本校銀行理財系修滿規定學分考查成績及格應准畢業依大學校條例第七條得稱學士此證

代理校長 蔣維喬

代理教務主任 潘序倫

中華民國十五年一月　日

上海商科大学银行理财系蔡受百毕业证书（1926年1月）

蔡受百（1902—1986）

字其禄，浙江杭州人，翻译家。1926年毕业于上海商科大学银行理财系。代表译著有《中国货币论》、《有闲阶级论》等。

蔡受百

戴铭巽（1903—1970）

号凝之，江苏镇江人。1920年考入南京高等师范学校商业专修科，1925年毕业于上海商科大学会计系。毕业后参加北伐。长期任教于武汉大学，担任会计学教授。

戴铭巽

彭瑚（1900—1962）

又名彭光球，湖南浏阳人。1925年毕业于上海商科大学银行理财系。在校期间参加"五卅运动"，后投身金融业。抗战中对贵州近代工商业发展有重要贡献。抗战胜利后担任中国银行南京分行经理。

彭瑚

王志莘（1896—1957）

原名允令，上海川沙人，银行家、教育家。1921年考入上海商科大学银行理财系，1925年获哥伦比亚大学银行学硕士学位。曾执教于上海商科大学。后投身银行界，1946年发起成立上海证券交易所，出任首任总经理。

王志莘

许冠群（1899—1972）

江苏武进人，著名实业家。1921—1923年于上海商科大学夜校部就读。1926年开设新亚化学制药公司，创立驰名商标"星牌"。后成为民族资本第一大药商。

许冠群

曹立瀛（1906—2007）

安徽庐江人。1926年毕业于上海商科大学会计学系，曾参加"五卅运动"，1927年参加北伐。1935年获哥伦比亚大学哲学博士学位。曾任国民政府资源委员会业务委员会主管兼经济研究所所长，后参加起义。新中国成立后调回上海财政经济学院任教，曾任上海财经大学教授。

曹立瀛

革命青年曹立瀛

1925年5月30日，上海商科大学会计系四年级学生曹立瀛兴高采烈地出门，想用稿费为自己买一双皮鞋，却在先施公司门口亲眼目睹了一场血的洗礼，身处"五卅惨案"现场。由此，一个平日一心做学问，偶尔写写诗文，连报纸也很少看的学生，转变成了一个热血沸腾的爱国青年。惨案发生次日，上海学联成立。曹立瀛和彭瑚代表上海商科大学，被选为上海学联委员会委员。当时学联的工作主要是宣传反帝斗争，演讲、贴标语、散发传单、组织"三罢"（罢课、罢工、罢市）。工作繁多，人手不够，所以只有夜以继日地干，委员们往往通宵不睡。年少气盛的曹立瀛也是如此，不知不觉荒废了学业。一心投入到爱国运动中去的曹立瀛有时也担心影响到最后一年的大学学业，于是便向他最信任的杨杏佛教授请教。两人对坐在桌边。杨杏佛认真听了曹立瀛的陈述后，陷入了沉思。他左手甩在椅子后面，右手手指在桌面上轻轻地敲打着，就这样考虑了一会，杨杏佛猛地用手朝曹立瀛一指，说了一个字："动！"于是，曹立瀛便义无反顾地投入了"五卅运动"。

毕业后，曹立瀛与同窗好友徐柏园、王淑芳、戴铭巽、刁培然、彭瑚等人都不约而同地走上革命道路，纷纷南下广州参加北伐战争。

第三章

继往开来

——从国立第四中山大学商学院到国立中央大学商学院时期（1927—1932）

一、更名为国立中央大学商学院始末

1927年4月，南京国民政府成立。6月，由蔡元培等主持的国民党教育行政委员会开始实施教育改革，推行大学区制和大学院制。国民政府将国立东南大学与河海工科大学等九所专科以上公立学校合并组建为国立第四中山大学。1928年2月，改名为江苏大学，但江苏大学的名称遭到全体师生的强烈反对，当年5月，国民政府行政院做出决议，江苏大学改称国立中央大学。新成立的国立中央大学设文学院、教育学院、农学院、工学院、商学院、自然科学院、社会科学院和医学院等八大学院，其中商、医两学院在上海。国立中央大学因其规模宏大、学科齐全、师资雄厚、学风诚朴，被世人誉为"民国最高学府"。

国立中央大学校徽（1930年前） 　　　国立中央大学校徽（1930年后）

商学院更名经过

时间	商学院名称
1927年6月	国立第四中山大学商学院
1928年2月	江苏大学商学院
1928年5月	国立中央大学商学院

国立第四中山大学商学院印章

国立中央大学商学院印章

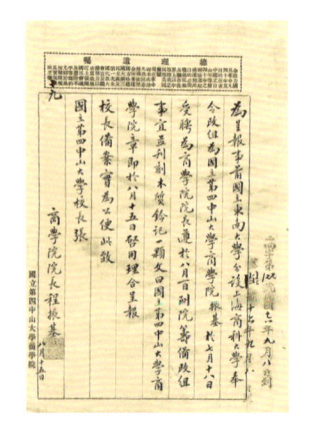

商学院院长程振基致校长张乃燕关于启用新院章的函（1927年8月15日）

函文内容为第四中山大学商学院院长程振基呈报"遵于八月一日到院筹备改组事宜，并刊刻木质钤记一颗，文曰'国立第四中山大学商学院院章'。即于八月十五日启用……"

二、商学院的办学

程振基（1891—1940）

字铸新，安徽婺源人。毕业于安徽高等学堂、格拉斯哥大学、爱丁堡大学，获经济学硕士学位。1927—1931年历任国立第四中山大学、江苏大学、国立中央大学商学院院长。后曾任中国农工银行杭州分行经理、国民政府教育部秘书、安徽地方银行行长等职。

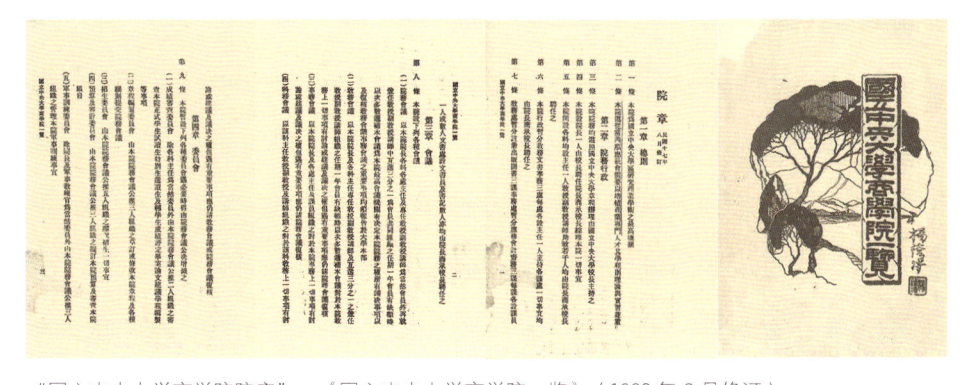

商学院院长　程振基

"国立中央大学商学院院章"，《国立中央大学商学院一览》（1928年8月修订）

"国立中央大学商学院院章"包括总则、院务行政、会议、委员会、学制、学程、学生通则、附则八章，提出："**本院为国立中央大学区研究商业学术之最高机关。……顺应社会需要，以培植商业专门人才，其学程则理论与实习并重。**"在学制上"修业年限定为四年，毕业生得称商学士"，暂设会计、银行、工商管理和国际贸易四科。

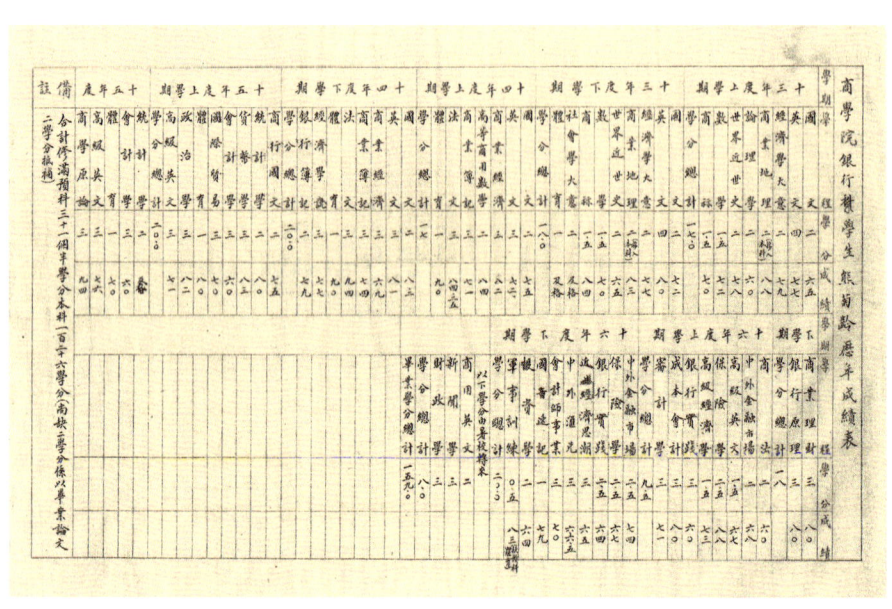

商学院银行科学生熊菊玲的成绩单（1928年6月）

商学院在教学上仍实行学分制，一、二年级开设各类公修学程，三、四年级分科开设必修学程和选修学程，学生需总计修满128学分，并在最后一年呈交毕业论文及格后方可毕业，如果再选修完成另外一科的必修学程，合计修满160学分，可给与另一学科文凭。

商学院武堉幹的教师应聘书（1928年9月）

三、优秀师资

陈清华（1894—1978）

字澄中，湖南祁阳人，藏书家、经济学家。毕业于复旦大学、加州大学伯克利分校，获经济学硕士学位。曾任国立武昌商科大学教务长、国立东南大学经济系主任。1928年任国立中央大学商学院教授兼银行科主任。

陈清华

刘攻芸（1900—1973）

原名驷业，别名泗英，福建福州人，金融家。毕业于宾夕法尼亚大学、（美国）西北大学、伦敦大学，获经济学博士学位。1930年任国立中央大学商学院教授兼银行科主任。

刘攻芸

武堉幹（1898—1990）

湖南溆浦人，著名国际贸易学者。毕业于武昌商业专门学校。1928年任国立中央大学商学院副教授，曾任国际贸易科主任、教务主任。

武堉幹

谢霖（1885—1969）

字霖甫，江苏武进人，著名会计学家，会计教育家，中国会计师制度的创始人。毕业于日本明治大学。曾任国立中央大学商学院会计科教授。

谢霖

杨荫溥（1898—1966）

字石湖，江苏无锡人，著名金融学家。毕业于清华学校、（美国）西北大学，获商学硕士学位。1927—1931年任国立中央大学商学院教授，曾任工商管理科主任、教务主任、代理院长。

杨荫溥

雍家源（1898—1975）

字海楼，江苏南京人，会计学家。毕业于金陵大学、（美国）西北大学，获商学硕士学位。曾任国立中央大学商学院会计科教授、教务主任。

雍家源

四、学术研究

《商学院丛刊》由学生会编辑出版，"专为刊载教职员学生研究学术文字，装订成册"。学院还出版《商学院院刊》，"传达本院重要消息，间载短篇研究文字"。

《江苏大学商学院丛刊》第一期（1928年）

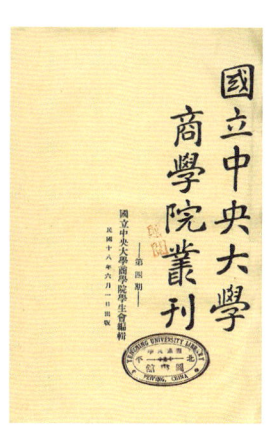

《国立中央大学商学院丛刊》第三、第四期（1929年）

《商学院丛刊》第三期刊有程振基的"商业教育之重要及其本身问题"，文中提及"商业教育中待讨论诸端摘要提出……"，包括"商业教育之方针亟宜规定；各学科之课程标准亟宜厘定；大学商科教材不宜拘泥脚本；商科教学方法之亟宜改良；商科专任教育之亟宜增加；商科毕业生之出路亟宜推广"，提出"大学商科之目的，则宜以养成熟悉商场富有判断力之学生为指归。至大学之责任，尤在引导商业趋于光明之路，庶学与用二者相辅而行"。

商学院丛刊第六期为《会计学专号》，刊有雍家源、熊宝荪、嵇储英、顾询等知名会计学者的文章。并附会计学会顾问名单：徐永祚、雍家源、潘序伦、杨汝梅、刘聪强、熊宝荪、程振基、嵇储英、徐佩琨。

《国立中央大学商学院丛刊》第六期《会计学专号》（1931年4月1日）

武堉幹的《中国国际贸易概论》和杨荫溥的《上海金融组织概要》、《中国交易所论》，以及商学院毕业生王宗培的《中国之合会》入选代表国立中央大学学术水平的"中央大学丛书"。

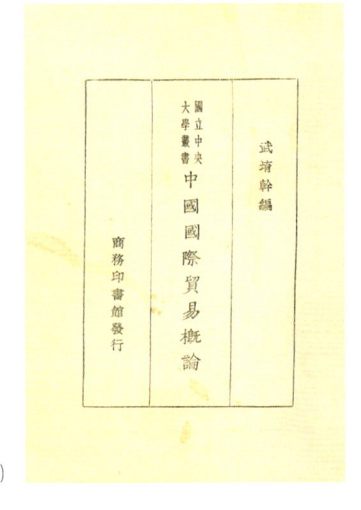

《中国国际贸易概论》（1930年）

《上海金融组织概要》对上海金融市场的各类金融机构作了全面系统的论述,并在金融学术界中第一次对1925年各类金融机构的资力作了估计,为研究上海金融组织,尤其是研究中外银行机构在金融市场上的地位,提供了分析数据。

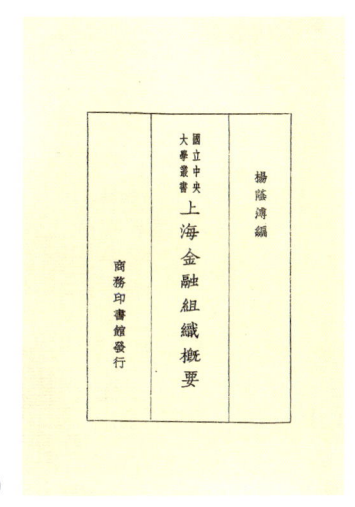

《上海金融组织概要》(1930年)

《中国交易所论》是中国第一部关于中国交易所的学术专著。系统论述了交易所的基本理论问题,揭示了交易所这类特殊经济组织的含义和作用。提出了"交易所实为金融商业上之一种分配机械,有此机械,而生产与消费得以衔接,企业与投资因以相连"的学术观点。书中对中国交易所初创时期的种种弊端作了全面分析,提出了除弊的对策建议。评价了中国交易所产生的历史,以及各类交易所的组织、监督与交易的业务。

《中国交易所论》(1930年)

会计学会成立于1925年，1930年改组，1931年印发《国立中央大学商学院丛刊·会计学专号》。

国立中央大学商学院会计学会会员合影（1930年冬）

1931年4月，学院经济学会编辑的《国立中央大学商学院经济丛刊》创刊。除会计学会以外，中央大学商学院时期还有经济学会、银行学会、广告研究会、边务研究会、国际贸易学会等学生研究组织。1929年秋，设立工商调查部，"随时指派学生担任调查工作，予学生以实地考察机会，得与学历相参证"，师生合力调查中国工商业资料，进行编制工商业指数等尝试。

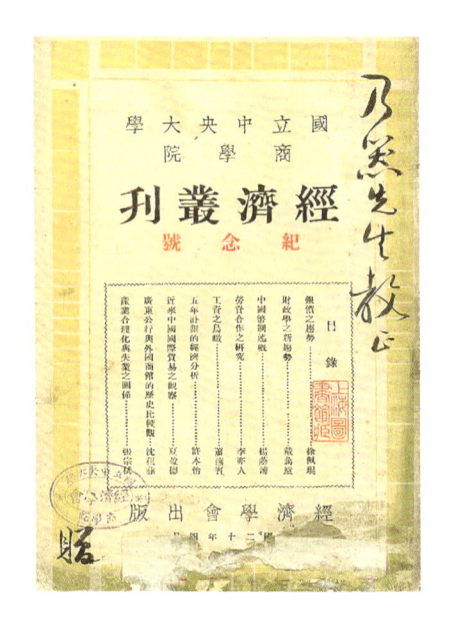

《国立中央大学商学院经济丛刊》纪念号，经济学会出版（1931年）

第三章　继往开来

国立中央大学商学院图书馆（1929年10月）

国立中央大学图书馆收藏图书以商业经济等书籍为主体，凡银行货币、经济理财、会计簿记、工商管理、贸易运输、保险统计、关税商法、社会政治等书，大致均备。至1931年11月，搬入江湾校址后，有中西书籍八千余册，杂志报章三百二十余种，约值十万元。

《程振基：国立中央大学图书馆目录序》（1929年10月）

五、独具特色的实习实践教育

国立中央大学商学院中大实习银行（1929年10月）

1927年秋，国立第四中山大学商学院设立了"银行实习室"，专为银行科学生实习银行业务之用。1928年秋，商学院有"中大合作银行"，由教职员及学生自行认股开办，使学生有了解银行业务及随时入内实地练习的机会。

1929年春，在"银行实习室"基础上扩充改为"中大实习银行"，商学院将节余的经费2000元现金，拨给银行作为基金。至1931年，"该院之实习银行，为各大学中创办最早，规模宏大。本年度董事长徐佩琨暨董事戴蔼庐、王志莘等，监察人嵇储英、熊宝荪等，原定积极扩充，适值东省事变，扩充一层当须有待。但自聘戴蔼庐先生为总经理以来，内部已经切实整顿，刷新良多，业务上必多发展。"

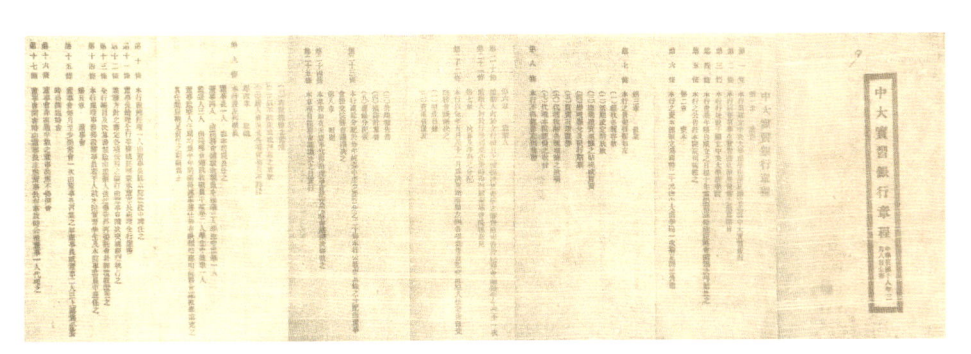

《中大实习银行章程》（1928年3月）

《章程》指出："本行以便利学生实习为宗旨"，营业内容包括"经收各类存款、活期成定期放款、商业确实票据之贴现或买卖、办理汇兑及发行期票、买卖有价证券等"。银行设董事会，董事长由院长担任，从本校教授中选聘总经理一人，负责经营业务；董事四人，由院务会议就教职员中推举三人，学生中推举一人；监事三人，由院务会议就教职员中推举二人，学生中推举一人。另可有办事员若干人，从本院实习学生及事务员中选任。"本行以每年五月及十一月为决算期……本行盈余分配于每年收益中至少提百分之二十为本行公积金，其余之分配由董事会提交院务会议议决之。"

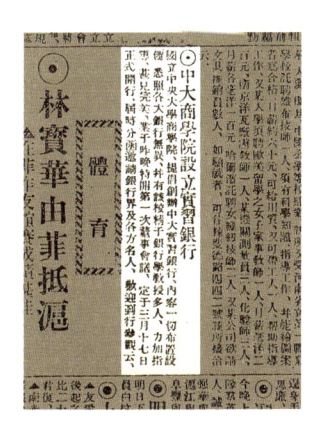

报道称："国立中央大学商学院，提倡创办中大实习银行，内容一切布置、设备悉照各大银行无异，并有该校精于银行学教授多人，力加指导，甚见完美。业于昨晚特开第一次董事会议，定于三月十七日正式开行，届时分函邀请银行界及各方名人、欢迎到行参观云。"

"中大商学院设立实习银行"，《申报》1929年3月9日

1929年春，国立中央大学商学院设消费合作社。

国立中央大学商学院消费合作社（1929年10月）

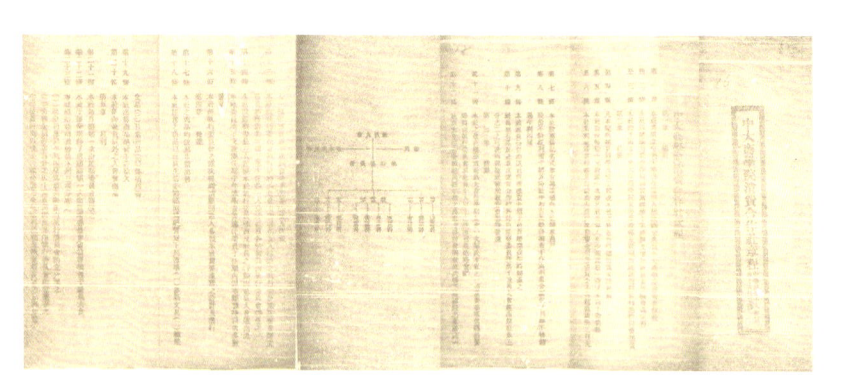

《中大商学院消费合作社章程》（1928年3月）

《章程》指出：消费合作社是一个初具股份制企业架构的组织，其资金由教职员和学生等自行认股筹集，"凡本院教职工同学及校工赞成本社宗旨者皆得购股为本社社员"，"本社股份每股一元，股银一次缴足，社员每人至少认购一股，至多以十股为限"，"本社股票为记名式，如有转让需向本社请求过户"。社内最高机构为社员大会，即股东大会，由执行委员会行使权力，另设三名监察委员审核账目，"本社经售之商品以社员生活必需范围为界，暂定下列：（1）书籍文具；（2）糖果食品；（3）日常用品；（4）杂项用物。"利润采用红利派发。

1928年,中大商学院设打字练习室,配备打字机18台,供学生上课练习。

国立中央大学商学院打字教室(1929年10月)

1928年冬,中大商学院设统计实习室,购置统计实习特用桌凳4副,手摇计算机1部。

国立中央大学商学院统计教室(1929年10月)

六、首筑校舍与黉门之变

自上海商科大学建立以来，校舍一直靠租赁维持。1929年5月，经商学院教职员学生代表联袂赴南京请愿，大学本部行政会议通过，拨现款三万元作为建校经费。1929年秋在沪北江湾西体育会路购得土地约十一亩。1930年夏破土动工，1931年3月新院舍落成，并完成搬迁。4月1日举行落成典礼。

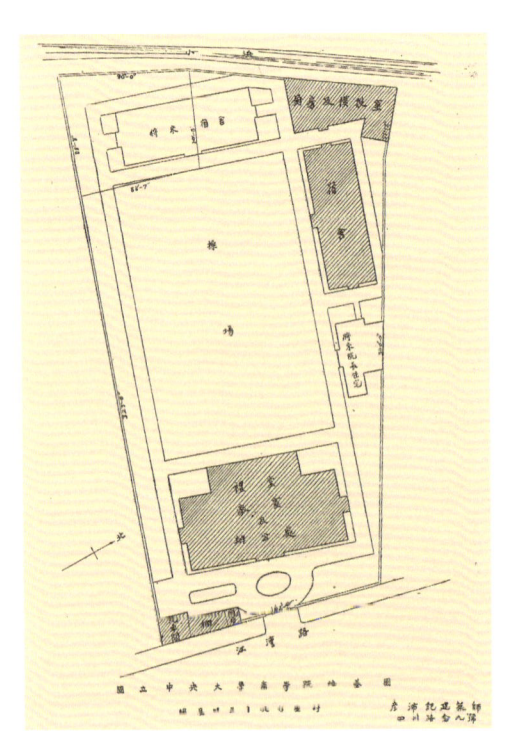

国立中央大学商学院新院舍地基图（1930年）

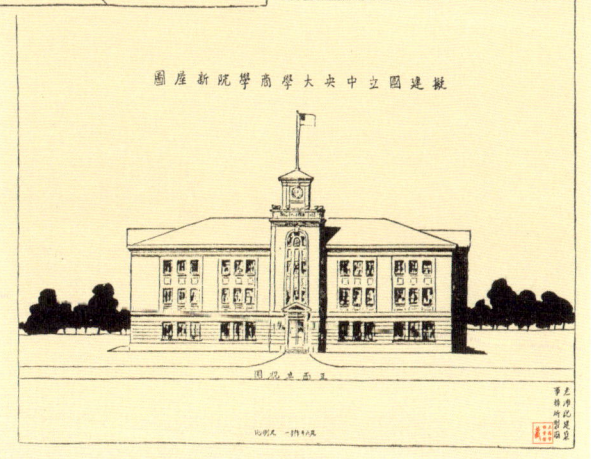

国立中央大学商学院新院舍设计图
（1930年）

新院舍包括两幢四层大楼，内有各种办公室、教室、实习室、图书馆、打字室、中大实习银行、中大消费合作社、商品陈列部及学生宿舍等。

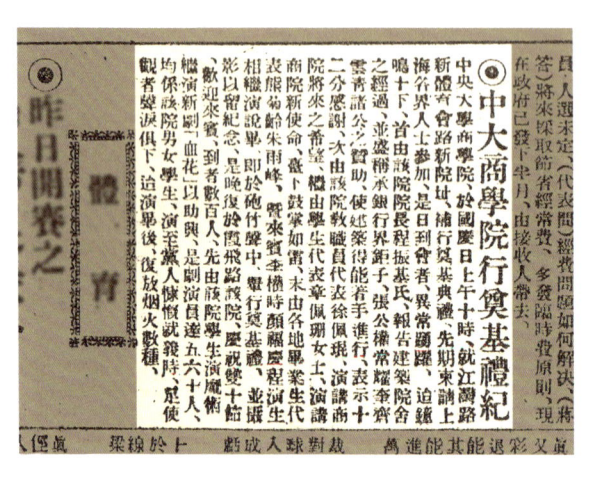

"中大商学院行奠基礼"，《申报》1930年10月12日

报道称：国立中央大学商学院已于10月10日上午十时举行新校舍奠基典礼，"首由该院院长程振基氏报告建筑院舍之经过，并盛称承银行巨子张公权常耀奎齐云青诸公之赞助，使建筑得能着手进行，表示十二分感谢……"

国立中央大学商学院新院舍落成典礼（1931年4月1日）

据《申报》报道："1931年4月1日，国立中央大学商学院在江湾路新院舍举行新院舍落成典礼，沪上政商学各界代表及闻人亲往参加典礼者甚众。中央大学校长朱家骅在典礼上作报告，众人作演说。午后开游艺大会，节目繁多，表演均极精彩。晚间尚有烟火，极一时之盛云。"

第三章 继往开来

国立中央大学商学院江湾新校舍总屋（1931年）

1932年1月28日，日军大举进攻上海，"一·二八"事变爆发，商学院新址恰在战区内，校内建筑、书籍、设备被炮火全部焚毁，院舍被日军占据，图书损失3万册，全部损失约104.7万元法币，商学院师生十多年的积累和心血付之东流。1932年2月，"惟念国家百年大计端在教育，青年失学无补国难。本院有鉴于此特于租界内租房开课"。

国立中央大学商学院校舍被炸后惨状（1932年1月）

扶大厦于将倾——院长徐佩琨

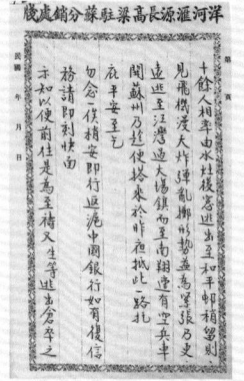

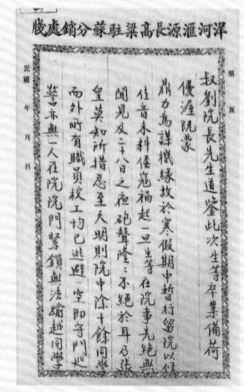

商学院学生在学院被炸后给院长徐佩琨的信（1932年1月29日）

"一·二八"事变后，商学院学生在给院长徐佩琨的信中回忆："二十八日之夜，炮声隆隆，不绝于耳，乃张皇莫知所措，忍至天明，则院中除十余同学而外，所有职员、校工均已逃避一空，即守门巡警亦无一人在院。院门紧锁，无法逾越，同学十余人相率由水灶后窗逃出至和平邨，稍留则见飞机漫天炸弹乱掷，形势益为紧张，乃更远逃至江湾，过大场镇而至南翔，旁有空兵车开苏州，乃趁便搭乘于昨夜抵此。一路托庇平安至乞。"

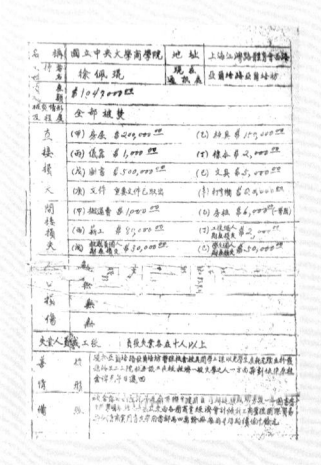

学院损失总计约104.7万元法币，其中直接损失包括房屋损失20万法币，校具15万法币，图书50万法币，打字机2万法币等。间接损失包括教职工个人财产损失3万法币，学生个人财产损失5万法币等。另外还造成员役失业者各在十人以下。

"一·二八"事变后学校损失报表（1932年2月）

面对突如其来的战火和院舍一片瓦砾的危局，徐佩琨于1月29日发出第一号通告，宣布本校临时办公处所在法租界福熙路模范村16号，并写信给邮局要求转投信件；1月30日写给电话局，要求将学校的长途联系电话转接至上海市教育局；2月1日写信给红十字会医院，表示"敝院同人学生志愿加入救护工作者甚多"时刻准备接受安排。

徐本人一周内回复学生来信几十封，安慰学生，稳定学生的疑虑情绪；同时向各界申请援助，努力复学。从他3月11日给朱家骅的信件中可以窥见当时学校困境："昨日冒险绕道抵江湾，仅见历年苦心经营之院舍崇楼巨厦已全部焚毁，仅存烬余颓垣……同人念教育为国家百年大计，异常重要，虽在战云弥漫环境苦难之际，仍能租屋开课，节衣缩食继续维护中大教育不致停顿。"

经徐佩琨和其他老师的惨淡经营，被炸半月后，学校在2月21日于租界内租屋复课。5月正式搬入霞飞路1348号（今淮海中路高安路口）一幢大楼，恢复了正常教学秩序。

徐佩琨（1892—1980）

字叔刘，江苏苏州人。毕业于国立交通大学、宾夕法尼亚大学、芝加哥大学、俄亥俄大学，获经济学硕士学位。曾任交通大学交通与管理学院教授兼院长，1930年起担任国立中央大学商学院教务主任兼银行科主任。1931年5月起任国立中央大学商学院代理院长、院长，国立上海商学院院长。1933年8月离职。1946年起任国立北平铁道管理学院院长。后曾任新加坡南洋大学商学院院长。1979年任上海文史馆馆员。

商学院院长 徐佩琨

七、抗日救亡

"九一八"事变爆发后,中大商学院学生迅速响应抗日号召,1931年9月23日,学校组织成立了抗日救国会。

学校教职员联席会议决定教职员以薪水支持抗日救国会经费(1931年9月29日)

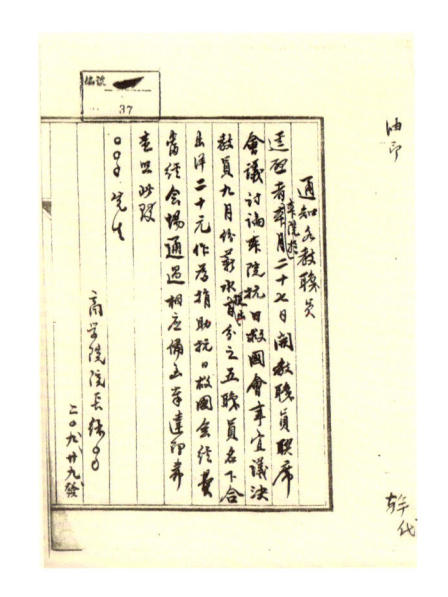

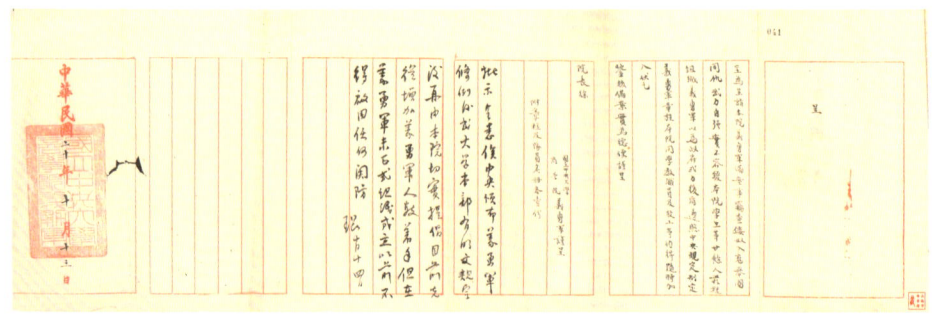

国立中央大学商学院关于成立义勇军的请示(1931年10月)

1931年10月,学校成立了抗日义勇军。"请示"提到:"倭奴入寇,举国同仇,武力自强,实不容缓。本院学生等廿余人发起组织义勇军,以为政府武力后盾。"义勇军成立后,订立了规程、制备了服装,每天早晨6时至8时进行军事操练。

第三章 继往开来

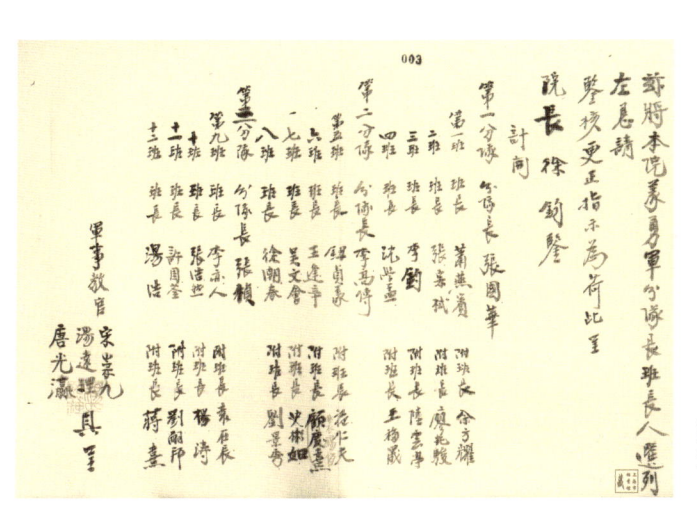

国立中央大学商学院义勇军分队长、班长人员名单（1931年10月）

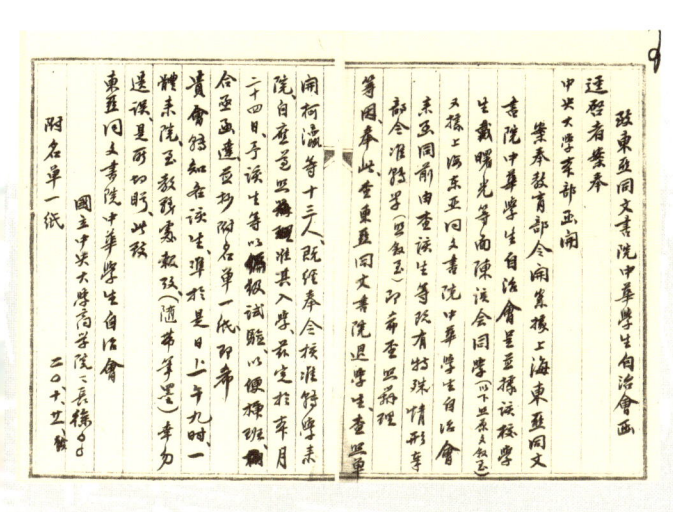

徐佩琨关于接收抗议日本奴化教育的东亚同文书院中国学生入校读书的请示函（1931年10月）

1931年10月，应上海东亚同文书院中华学生自治会之请和教育部部长朱家骅介绍，因从事抗日活动遭到学校当局仇视、威吓和日籍学生凌辱的十三位自治会成员转入国立中央大学商学院就读。

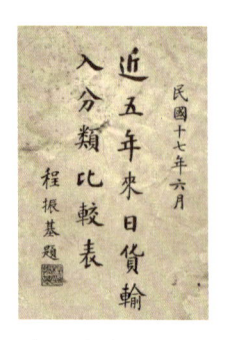

日本帝国主义对中国的经济侵略，引起国内商学界的关注。1928年，国立中央大学商学院成立了反日运动委员会，编辑了《近五年来日货输入分类比较表》，向全国发售。该书86页，详尽罗列比较了1922—1926年5年内日货（棉布、呢绒、五金、矿石、药品及各类杂货）输入中国的数据，揭露日本经济侵略的不断深入。

《近五年来日货输入分类比较表》（1928年6月）

《第一线》创办于学校被日军炸毁后，假托项勃的名字发行，内容包括对"一·二八"事变的分析，对日本帝国主义的声讨，对苏维埃红军的赞美。"给亲爱的读者"一文落款为普罗科学社《第一线》编辑部，普罗科学社系中共党员苏光耀、何云等创办，主要是编写、出版抗日救亡宣传品。

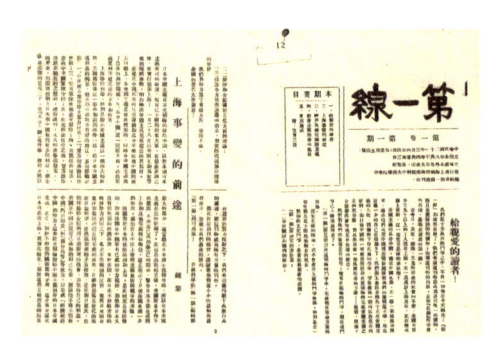

《第一线》（1932年3月）

商学院学生参加爱国请愿活动

　　1932年9月28日，上海19所大学3000余名学生晋京请愿，商学院抗日救国会选派代表参加了此次活动。以褚葆一、胡骧文、吕珍媛为首，共20余人在校内的操场集合，准备前往南京。后辗转抵达南京和国立中央大学校本部学生汇合参加请愿。后不幸被军警逮捕，分批押解回校。

八、学子风采

至 1931 年 11 月，中大商学院在校生总计 200 人（旁听生等不计入）。

国立中央大学商学院各科毕业学生人数一览（1928—1932 届）

系科	1928 年	1929 年	1930 年	1931 年	1932 年	合计
会计科	9	12	14	8	21	64
银行科	19	19	8	5	7	58
国际贸易科	2	1	2	1	2	8
工商管理科	7	1	4	3	5	20
普通商业系	15	5	1	—	—	21
合计	52	38	29	17	35	171

蔡馥生（1903—1994）

广东揭阳人，老一辈马克思主义经济学家。1928 年毕业于国立中央大学商学院会计科。1931 年参加中国社会科学家联盟。曾任暨南大学教授、经济系主任、经济学院首任院长。

蔡馥生

瞿凤起（1907—1987）

原名熙邦，字凤起，江苏常熟人，著名藏书家、版本目录学家。1932 年毕业于国立中央大学商学院会计科。解放后，担任上海图书馆善本组研究员，参与集印《四部丛刊》、《百衲本二十四史》及《续古逸丛书》等巨编，对保存历史文化遗产多有贡献。

瞿凤起

1932

第二篇
独立办学　烽火薪传
1932－1950

1932年，学校独立建制，定名为国立上海商学院，成为当时国内唯一的国立独立本科商学院。学校定位为研究商业学术的最高机关，以"培养富有创造精神、决断力及组织力之企业家"为使命，锐意革新、不断发展。在抗日救亡的历史进程中，几经烽火而弦歌不缀，"经济匡时"之精神从此奠定并世代传承。

第四章

独立建制

——抗战初期的国立上海商学院
（1932—1937）

一、独立为国立上海商学院

1932年6月，因反对国民政府教育部行政次长段锡朋出任国立中央大学校长，部分中大学生扭打了段锡朋，砸了段的小汽车，致使段十分狼狈，仓皇离校。7月2日，国民政府教育部派委员4人接收了中大，教员全部解散。4日布告所有学生立即离校，听候甄别。6日行政院决议由蔡元培等五人为中大整理委员会委员，李四光为副委员长，并于整理期间代行校长职务。7月19日，整理委员会对分设在上海的国立中央大学商、医两学院，做出划出独立、改变科系、规定行政组织的决议，报国民政府教育部审批。8月16日，国民政府教育部发文，令国立中央大学商学院更名为国立上海商学院。

第四章 独立建制

国民政府教育部关于国立中央大学商、医两学院划出独立的快邮代电（1932年7月26日）

电报指出："商、医两学院划出独立，已经行政院会议议决，改名国立上海商学院、国立上海医学院，俟奉令后即饬遵。"

启事称：本院奉令就国立中央大学商学院改组独立，更名国立上海商学院。兹于八月十六日遵奉教育部令，组织就绪，几日成立，并经呈报在案。

"国立上海商学院（原名国立中央大学商学院）启事"，《申报》1932年8月18日

-077-

图说上财：1917—2017

国立上海商学院霞飞路1348号校址（1932—1935年）

国立上海商学院校徽（20世纪30年代）　　国立上海商学院组织系统图（1936年）

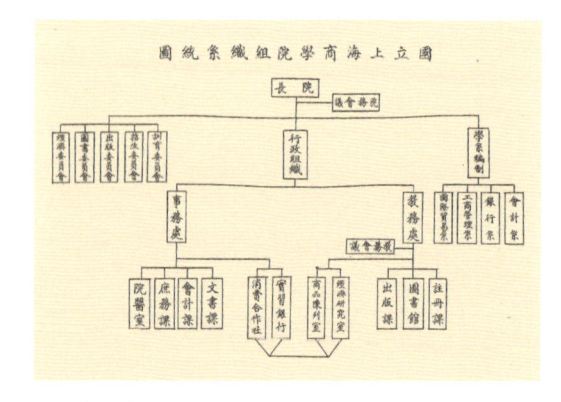

第四章 独立建制

《国立上海商学院章程》（1932 年 9 月）

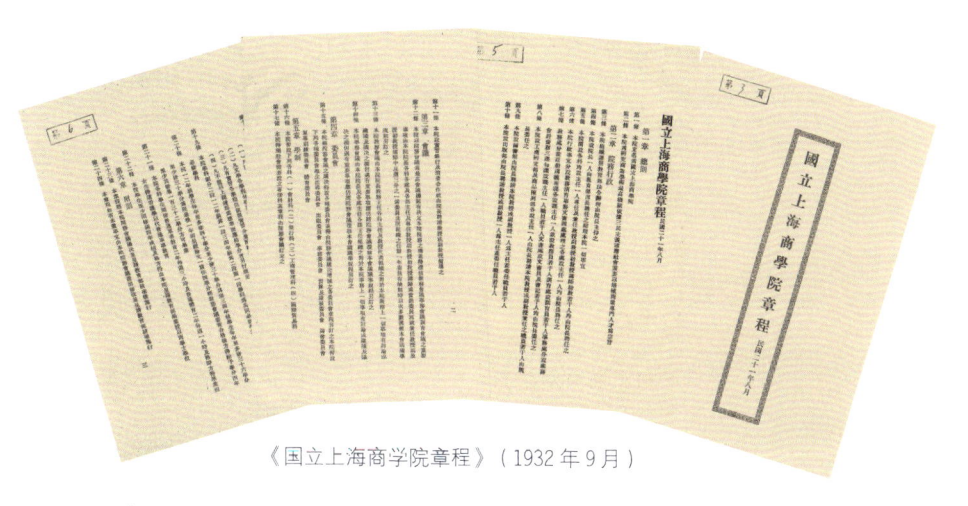

1932 年 8 月，国立上海商学院制定了《国立上海商学院章程》并备案。包括总则、院务行政、会议、委员会、学制、负责共六章，明确提出："**本院为研究商业学术最高机关……适应社会需求，以培植商业专门人才为宗旨。**"

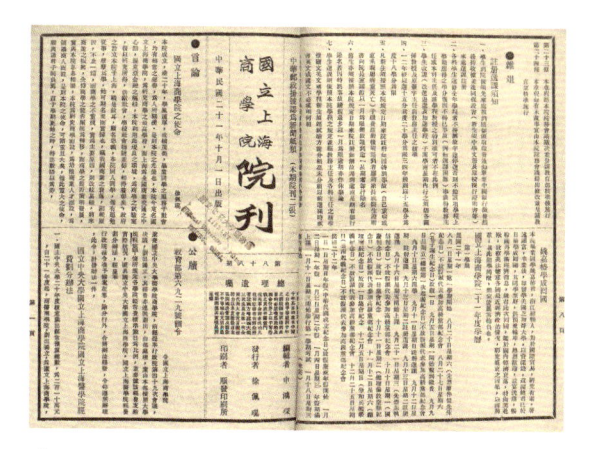

《国立上海商学院院刊》第八十八期（1932 年 10 月）

《国立上海商学院院刊》为登载本院教育行政与毕业同学新闻，以及通讯等类消息。在第 88 期刊有徐佩琨的《国立上海商学院之使命》，其中提到：

"本院为研究商学而设，为培植商业人才而设，为领导商人而设，是则本院之使命，可谓重且大矣。"还刊有徐佩琨的《本院更名之经过及今后之方针》，提到"改为国立上海商学院，脱离旧隶国立中央大学之行政系统，而由教育部直辖。唯现行之大学组织法中，关于单科大学之条纹，尚未修正成立，故本院仍称商学院，而不用商科大学名义，实际商学院与大学相同。本院之历史，已垂二十年，就商学院之名义，为国内唯一之最高商学学府；就时代言，则为历史最久年龄最高之商学研究机关；就毕业生之成绩言，已获美满之效果，其服务之精神，与夫学识才力，各界早有定评，颇甚欣慰，非敢自诩"。

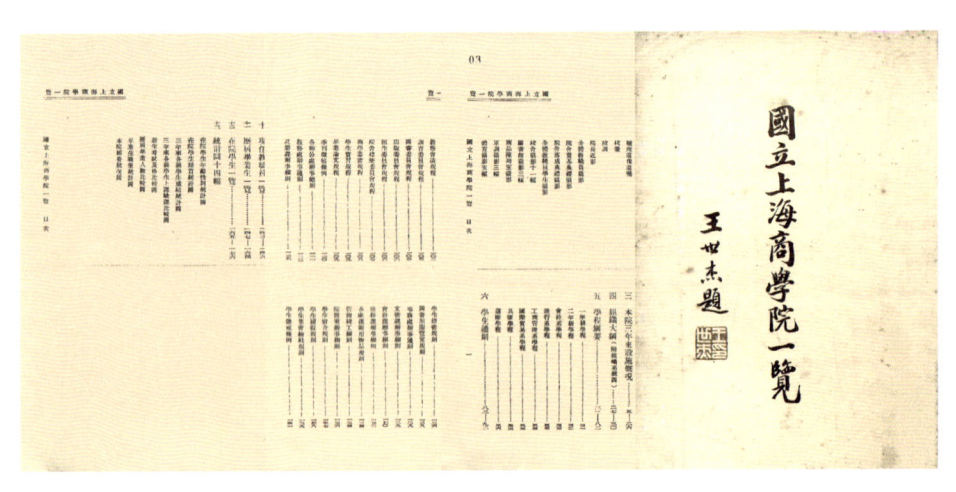

《国立上海商学院一览》（1936年6月15日）

《一览》内容包括：国立上海商学院院史、本院三年来设施概况、组织大纲、学程纲要、学生通则、民国二十五年（1936年）度招生简章，"院务会议规程"、"教务会议规程"，招生等各委员会规程，商学丛书规程，以及学生实习规程、毕业论文规程、季刊征稿条例，各办公外办事总则、通则、细则等一系列规章制度。

二、办学与师资

国立上海商学院的系科设置

会计系　银行系　工商管理系　国际贸易系

国立上海商学院改"科"为"系",设有会计系、银行系、工商管理系和国际贸易系。

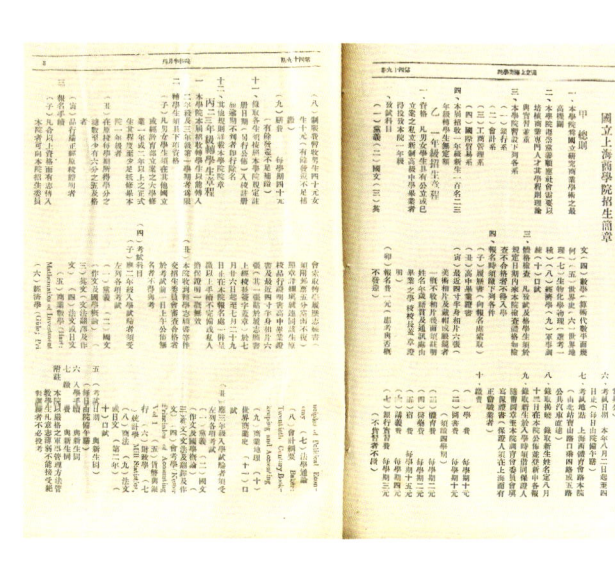

国立上海商学院招生简章
（1936年）

《招生简章》分总则、一年级招生章程、二年级学生章程和附注。其中指出本院的办学目标为：顺应社会需要，培植商业专门人才，学程则理论与实习并重。

国立上海商学院全体教职员学生合影（1936 年 3 月）

国立上海商学院全体教职员合影（1936 年 3 月）

第四章　独立建制

安绍芸（1900—1976）

河北武清人，会计学教育家、会计实务专家，新中国会计制度的奠基人。毕业于清华大学、威斯康星大学，获经济学硕士学位。1933年起任国立上海商学院教授，曾任会计系主任。

安绍芸

蔡正雅（1897—?）

浙江吴兴人。毕业于纽约大学，获理学学士学位。1933年起任国立上海商学院教授，曾任工商管理系主任。

蔡正雅

程绍德（1900—1954）

字敬六，江苏盐城人。毕业于巴黎大学，获经济学博士学位。1934年起任国立上海商学院教授，曾任教务主任、银行系主任。

程绍德

胡纪常（1898—1978）

江苏无锡人。毕业于巴黎大学，获经济学博士学位。1933年起任国立上海商学院教授，曾任教务主任、银行系主任。

胡纪常

金国宝（1894—1963）

字侣琴，江苏吴江人，著名统计学家，被誉为"中国统计学之父"。毕业于复旦大学、哥伦比亚大学，获经济学硕士学位。1933年起任国立上海商学院教授。

金国宝

张毓珊（1907—1958）

江苏金坛人。毕业于中国公学，巴黎大学研究院肄业。1933年起任国立上海商学院教授，曾任国际贸易系主任、经济研究室主任。

张毓珊

第四章　独立建制

三、学术研究

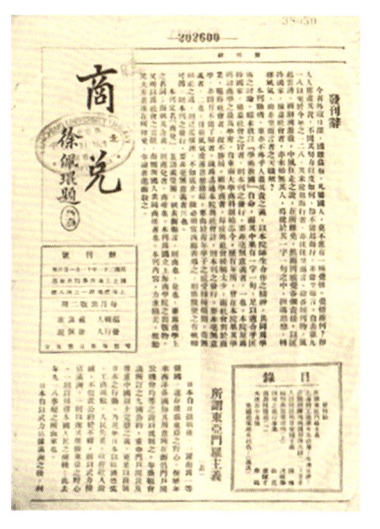

《商兑》创刊号（1932年11月）

《商兑》于1932年11月1日创刊，由戴蔼庐主编，至1933年5月共出版8期。为学院独立后第一份面向社会发行的综合性刊物。发刊词称："定名为'商兑'，'盖语义双关，就表面而言，则商也，兑也，举为商学上之名词；而就其含义，则商兑者，商榷也。本刊为国立上海商学院之出版物，又所以为社会之贡献，而愿与国人共同商榷者也'。"

《国立上海商学院季刊》发刊词称："本院既为研究商业之高深学术机关，则师生研究之所得，应有发表之机会，以供国内学者及工商业家之商榷。爰仿外国大学之成例，发为季刊。"主要内容为学校师生撰写、编译的各类关于经济、金融问题

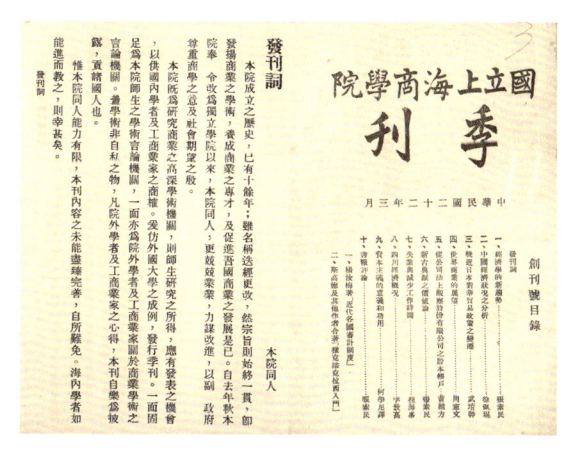

《国立上海商学院季刊》创刊号（1933年3月）

的文章。1936年上半年,"因鉴于各种经济问题与商科有密切之关系及研究之必要",学院设立经济研究室,其宗旨为"提高学生学术研究兴趣及研究商业上各种专门问题"。1937年3月,《国立上海商学院季刊》改为经济研究室刊行。

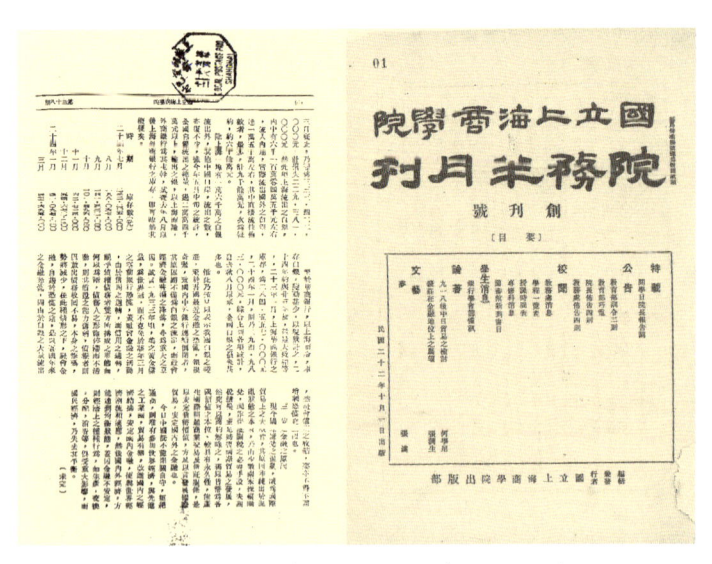

《国立上海商学院院务半月刊》创刊号(1933年10月1日)

1933年10月1日,在《商兑》和《国立上海商学院院刊》的基础上,合并创刊了《国立上海商学院院务半月刊》,每期约三万字,半月一期,主要刊载学院新闻和学生的课外活动,并刊登同学具有研究性的作品与译述,并出版了"院长演讲集特刊"、"会计问题"、"白银问题"、"工商管理"、"国民经济建设问题"专号五册。

第四章　独立建制

1936年,《国立上海商学院院务半月刊》改为《国立上海商学院院务报告》,每学期编印一巨册,汇集学院工作报告、统计图表、重要校闻及学院文件,附刊毕业生论文提要和新生入学试题等。1936年度上学期的《院务报告》指出:"**本院为研究商学而设,为培植商业人才而设,为领导商人而设,是则本院之使命……商科教育之使命,绝非专门培植商业的技术人材;同时应培养富有创造精神,决断力及组织力之企业家,故企业精神之养成,实为重要。**"1937年1月的《院务报告》指出:"始终以灌输高深商业技术智识,养成企业精神及提倡研究学术风气为固定不变之方针……本院为我国研究商业之最高机关,故对于商学之研究,亦负有至大之使命"。

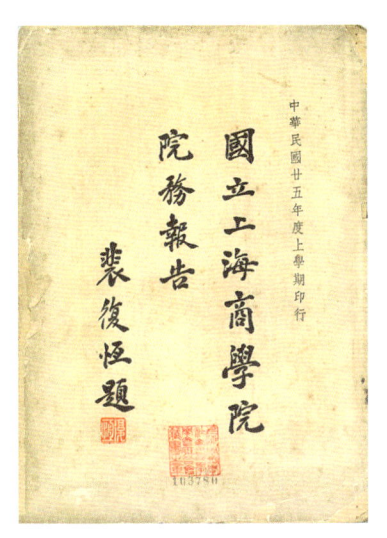

《国立上海商学院院务报告》
（1936年10月）

"本院为国内研究商学最高学府,关于'商学丛书',自应尽量编印,藉供社会参考之资料","本丛书分两类:第一类以大学商科教科书、参考书及关于商学之专门著作为限;第二类以翻译外国有关商学之名著为限"。

因种种原因,国立上海商学院丛书仅出版了金国宝的《统计学大纲》。"以后的统计学原理基本上沿袭该书系统及定义编写,该书的出版对我国开展统计研究,进行统计教学,指导统计业务,了解欧美统计学家的学说起了一定的作用和影响。"

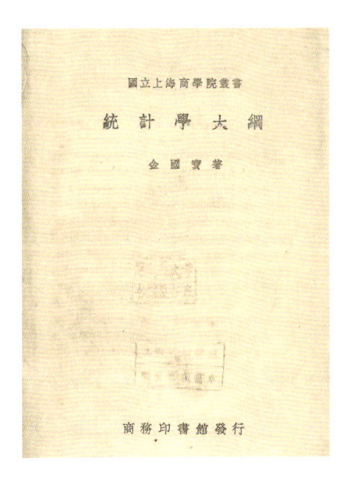

《统计学大纲》（1934年）

会计学会成立于1925年，1934年时有会员30余人。主要从事会计学理之研究，联络会计技术之实习等。安绍芸任会计学系主任后，指导该会。

会计学会合影（1934年）

银行学会成立于上海商科大学时期，先后会员达200余人。1932年改组后，程绍德指导会务。举行专门问题讨论会、发行专刊，并实地考察金融组织等。

银行学会合影（1934年）

1934年，国际贸易系同学发起组织了国际贸易研究会，谋求"复兴本国之产业、促进我国国际贸易"，并制定了《国立上海商学院国际贸易研究会章程》。

国际贸易研究会合影（1934年）

第四章 独立建制

经济学会合影（1934年）

经济学会成立于1933年春，"为本校研究经济学术之唯一机构"。截至1934年，会员有50余人。学生邀请裴复恒担任名誉会长，程绍德、张毓珊、韩觉民为编辑主任，师生合作，共同切磋学术。

1933年12月，经济学会创刊《经济学月刊》，对外公开发行。其"发刊词"称："本刊之问世，即首在研究欧美经济学之诸流派，并探讨现代经济问题之症结所在以及趋势，以为吾人之参照也。"

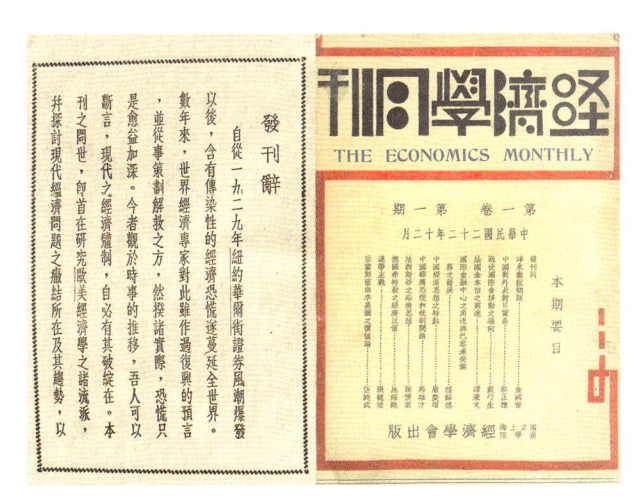

《经济学月刊》第一卷第一期（1933年12月）

四、实习与实践

商品陈列室（1935年）

学院设立商品陈列室，征集各类商品千余种，以使学生对国内外各项商品，有充分的了解。此外，制定了《学生实习规程》，规定"学生于实习后，应将实习情形作成报告，呈缴教务处审核"，"学生实习工作未完毕时，不得毕业"。

1934年，二三级学生发起成立了"实习商社"。在"实习商社简史与概况"中写道：本院之商社最早为"中大消费合作社"，因"一·二八"事变校舍被毁，"消费合作社"也被毁而停办。"二十二

实习商社第一届执委会合影（1934年）

年春，学校已入常规，各事力谋复兴，于是由二三级同学发起重组商社，谋同学购物便利，且业务之经营与管理亦可资实习。因目的偏重实习，乃易名曰'国立上海商学院实习商社'。"1936年，二六级级会经院长核准，依据公司法采用有限公司制度，发起成立了"二六商社"。

五、学生活动

　　商学院学生团体种类丰富,体育类社团有足球队、篮球队、网球队、排球队、乒乓球队、羽毛球队等。各队均有固定的训练时间与场地,积极征战校内外赛事,诸如级际比赛、锦标赛、友谊赛及上海市各项比赛,并取得不俗的成绩。

学生排球队、网球队、足球队、篮球队、女子田径队、乒乓球队(1934年)

平剧研究会（1934年）　　　剧社（1934年）

中华口琴协会国立上海商学院分会（1934年）

文艺类社团则先后成立有剧社、摄影学会、平剧研究会、口琴协会等。剧社排练了多种剧目公演。

学院成立了同学会及联谊组织，联络感情、砥砺学行、促进共同发展。1933年12月成立的毕业同学会组织严密、活动频繁，办有专门会刊，还曾以同学会名义主办了上海高级商业学校。

国立上海商学院四川同学会创办的会刊《瀋瀕》（1933年）

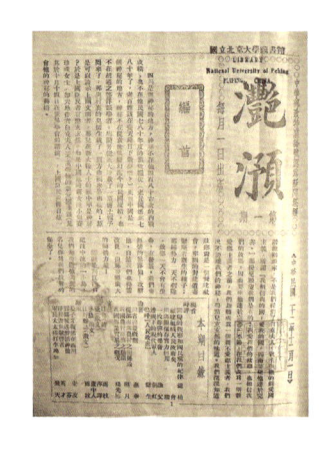

第四章　独立建制

军训徒步旅行（1936年）

军训合影（1936年）

军训打靶（1936年）

　　学院关于军训的记载最早见于国立中央大学商学院时期。1932年8月，《国立上海商学院章程》规定设军事训练委员会，各科学生须修普通军事教育二年，每周三小时，女生选修看护学，及格方得毕业。1933年8月，裴复恒担任院长后，推行文武并重、训教合一的方针，要求学生养成刻苦耐劳、忠勇勤奋之精神，为救国御侮作积极准备。"二十四年度训练总监部检阅上海各大学军训成绩，本院荣膺冠军。"

六、再筑校舍

自1932年校园被日军炸毁后，学校一直靠租房办学。1934年7月，教育部提经行政院通过核拨临时建筑费10万元，允诺学校在江湾原址复建校舍。1934年9月，学院成立院舍建筑委员会统筹院舍重建事宜。1935年1月10日新院舍在江湾西体育会路原址破土动工，3月3日举行奠基典礼，10月11日举行院舍落成典礼。

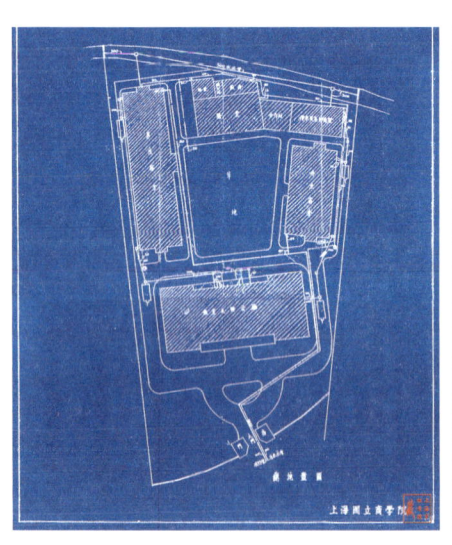

国立上商商学院院舍平面规划图

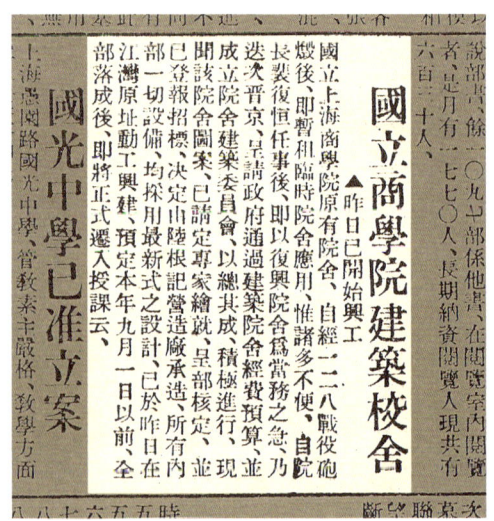

"国立商学院建筑校舍昨日已开始兴工"，《申报》1935年1月11日

报道称："现闻该院舍图案，已请定专家绘就……所有内部一切设备，均采用最新式之设计，已于昨日在江湾原址动工兴建。"

第四章 独立建制

院舍奠基典礼
（1935年3月3日）

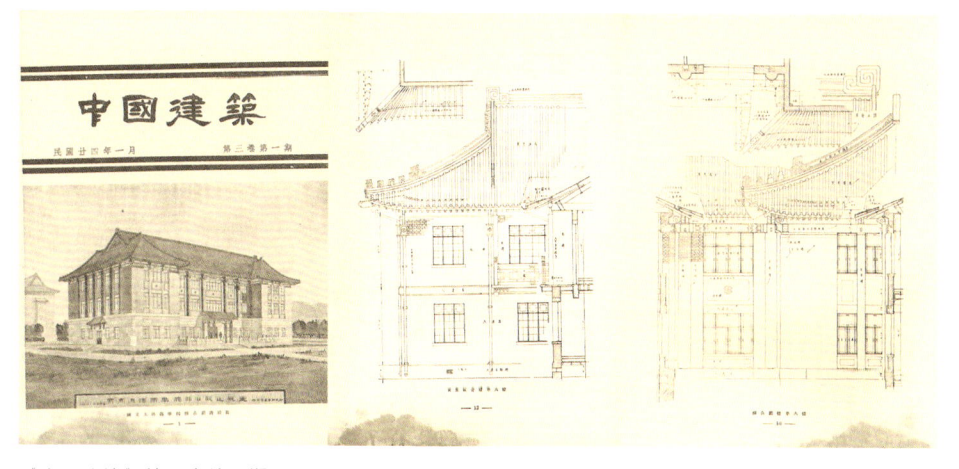

《中国建筑》第三卷第一期（1935年1月）

  该期《中国建筑》刊载了国立上海商学院的设计图纸。新建的院舍占地面积11亩，由沪上知名建筑设计师杨锡镠设计，主要建筑有四幢。全部建筑画栋雕梁，琉瓦飞檐，具有鲜明的民族风格，极显高等学府的气派。

图说上财：1917—2017

校门及门房等分占平屋十间。

校门

礼堂

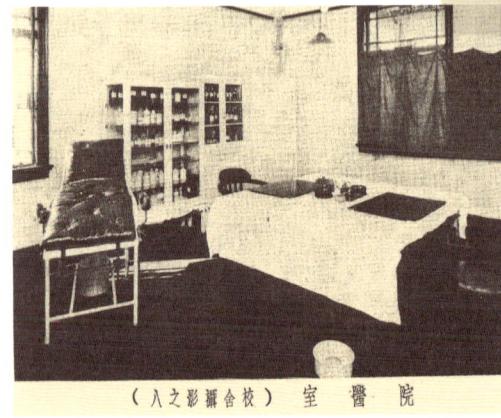

院医室

第四章　独立建制

办公大厦内有大礼堂、教室、图书馆、商品陈列室、经济研究室暨办公室。

办公大厦

男生宿舍

图书馆书库

国立上海商学院院舍落成典礼（1935年10月11日）

1935年10月11日上午九时，国立上海商学院举行新院舍落成典礼。国民政府教育部部长王世杰等京沪各界来宾等数百人参加了典礼。院长裴复恒致辞、国民政府教育部部长王世杰训辞。当晚举行了师生联欢游艺大会，并燃放烟火以资庆祝。

"训辞"中提到："我想现在的商学院，与二十年前英国伦敦的经济政治学院差不多……尤其为商院是国立最高学府，更应加倍努力商学的研求……望商院师生，首先树立优良学风，以为上海及全国倡。"

第四章 独立建制

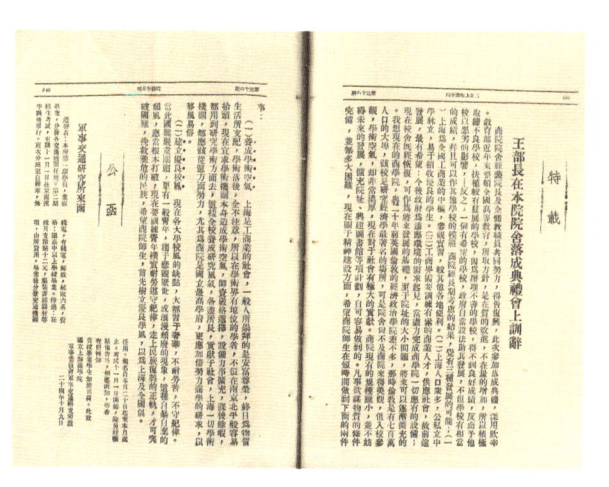

"王部长在本院院舍落成典礼会上训辞",《国立上海商学院院务半月刊》第三十六期(1935年11月)

七、学子风采

在《国立上海商学院第三届毕业纪念刊》上，孙科、于右任、王世杰、张嘉璈、马寅初等众多知名人士为毕业生题词，其中马寅初题词"经济匡时"。

马寅初题词"经济匡时"，《国立上海商学院第三届毕业纪念刊》（1935年）

二三级各系毕业同学合影（1935年）

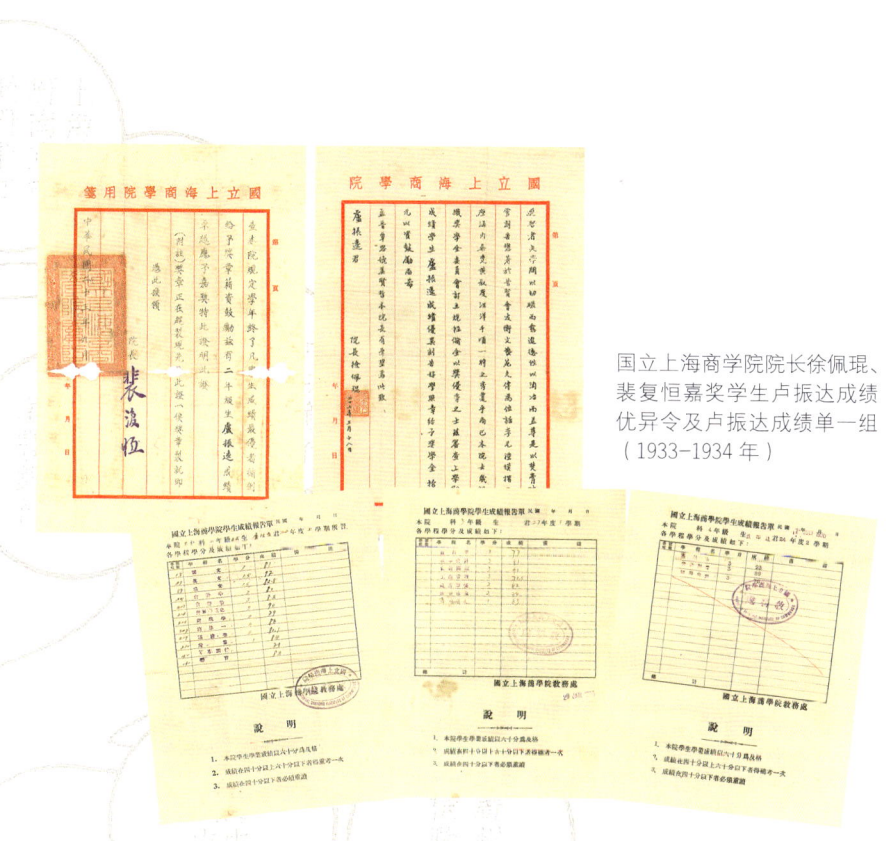

国立上海商学院院长徐佩琨、裴复恒嘉奖学生卢振达成绩优异令及卢振达成绩单一组（1933-1934年）

1932—1938年毕业生去向统计表

年度	毕业生数	毕业去向				
1932	65	政21	学24	工商13	其他7	
1933	49	政6	学7	工商14	其他12	
1934	44	政10	学8	工商13	其他5	未详8
1935	73	政13	学15	工商35	升学2	其他8
1936	42	政11	学5	工商19	升学1	其他6
1937	21	政8	学3	工商7	升学1	航空2
1938	22	政6	学4	工商9	海关2	其他1

——《国立上海商学院要览》（1940年）

褚葆一（1914—2011）

浙江嘉兴人。著名世界经济研究学者。1933年毕业于国立上海商学院工商管理系。曾就读于伦敦政治经济学院、法兰克福大学、柏林大学。曾任中央大学、重庆大学、南开大学等校教授。1946年起担任国立上海商学院教授、国际贸易系及银行系主任。1949年5月，当选为国立上海商学院校务委员会主任委员。1950年起任上海财政经济学院副院长。1956年定为二级教授。1958年随上海财经学院并入上海社会科学院。1978年任上海社会科学院世界经济研究所所长、教授、博士生导师。著有《当代美国经济》、《世界经济学原理》等。

褚葆一

许本怡 (1907—1983)

又名许哲士，安徽歙县人，会计学家。1933年毕业于国立上海商学院会计系。毕业于哈佛大学，获商业管理硕士学位。曾任金陵大学、国立中央大学、重庆大学教授。1946年任国立上海商学院教授兼会计系主任、教务主任。1950年8月起任上海财政经济学院教授、副教务长。1956年定为二级教授。1958年随上海财经学院并入上海社会科学院。1978年10月起任上海社会科学院情报研究所副所长、《文摘》杂志主编。著有《财务报告分析》、《基本会计》等。

许本怡

第四章 独立建制

甘祠森

1936年国立上海商学院银行系甘祠森毕业证书

甘祠森（1914—1982）

原名永柏。四川万县人，社会活动家。1936年毕业于国立上海商学院银行系。曾任民生实业公司经济研究员、重庆大学商学院教授等职。1944年任《中国学生导报》发行人。1945年参加筹组三民主义同志联合会。同年参加发起组织中国民主青年联合会，参加中国民主革命同盟。新中国成立后，曾任政务院人民监察委员会厅长，监察部司长，民革第二、第三届中央委员和第四届中央常委、第五届中央副主席兼秘书长。著有《现代金融论》、长篇小说《暗流》等。

娄尔行

娄尔行（1915—2000）

浙江绍兴人，会计学家。1937年毕业于国立上海商学院会计系。毕业于密歇根大学研究生院，获企业管理硕士学位。1939至1950年先后在国立上海商学院、光华大学等校任教。1950年7月起任上海财政经济学院教授、会计学系副主任、工业会计教研室主任。1958年随上海财经学院并入上海社会科学院。1978年调入复旦大学任教授。1980年3月，调回上海财经学院。曾任教授、博士生导师、会计学系主任、名誉主任。编著有《成本会计学》、《审计学概论》等。

许涤新（1906—1988）

原名许声闻，广东揭阳人，著名马克思主义经济学家。1929年考入上海国立劳动大学社会科学院经济系，1932年10月转入国立上海商学院经济系特班，1933年毕业。同年加入中国共产党，从事抗战宣传工作。1949年后曾任中共中央统战部副部长、中国工商行政管理局局长、汕头大学首任校长等职。著有《中国经济的道路》、《广义政治经济学》（三卷）等。

许涤新

马纯古（1907—1979）

原名马天锡，湖北武昌人，工会运动领袖。1925年在武汉参加五卅运动。同年9月，考入北京朝阳大学经济系。1927年1月加入中国共产党。1929年考入上海国立劳动大学社会科学院经济系，1932年10月转入国立上海商学院经济系特班，1933年毕业。1934年起历任中华全国总工会上海执行局秘书、中共江苏省委工人运动委员委员、书记等。1949年后曾任中共上海市委委员、中共全国总工会党组副书记、全国总工会常务副主席，书记处书记等职。

马纯古

第五章

烽火薪传

——全面抗战中的国立上海商学院
（1937—1945）

一、校舍再度被毁

国立上海商学院被炸后场景（1937年）　　明信片：日军炸毁的国立上海商学院校园

1937年7月7日，"卢沟桥事变"爆发，7月底日军占领平津地区，8月13日，日军大举进攻上海，地处江湾的国立上海商学院，与其他高校一起遭日军炮火袭击，校舍被毁。"国立上海商学院之校舍是新建者，画栋雕梁，颇为精美，现仅存骷髅，惟校门尚完好（查商学院'一·二八'时曾遭牺牲，此次已第二度）"，"国立上海商学院全部毁去计二十万一千元。"

二、坚持办学

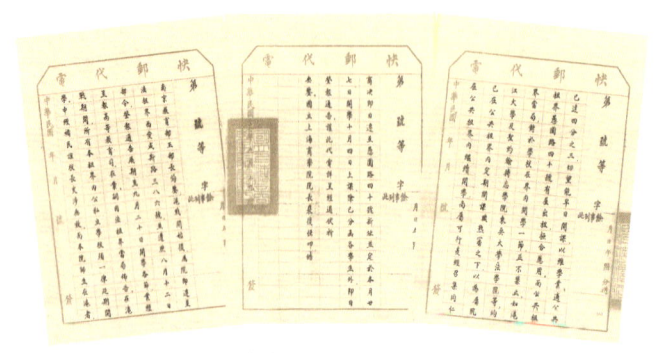

"学校租借愚园路40号为校址坚持办学",《国立上海商学院院长裴复恒给教育部的电报》（1937年9月）

校舍被毁后,学院于公共租界内租借愚园路40号为临时院舍,于9月27日开学,10月4日正式上课。

国立上海商学院愚园路40号校门

愚园路40号校址,《良友》1939年第145期

愚园路40号为一座四层洋房,内有图书馆、办公室、藏书室、阅览室、教室等共十六间,"因陋就简,仅勉强充用而已"。

第五章　烽火薪传

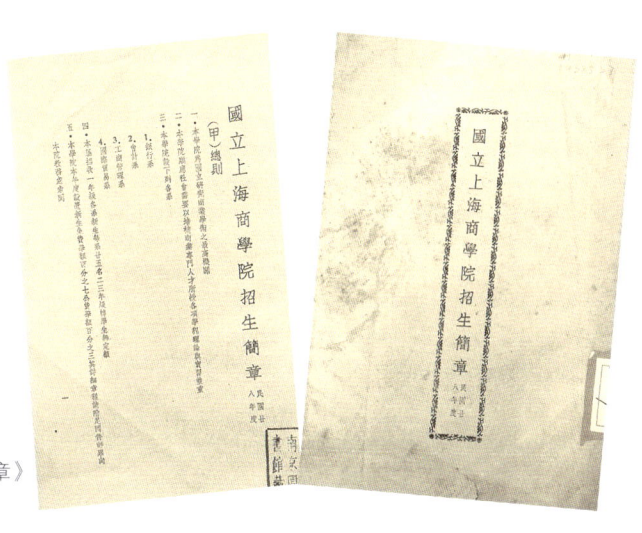

《国立上海商学院招生简章》
（1939年）

《招生简章》提到，学院仍设会计、银行、工商管理、国际贸易四系。

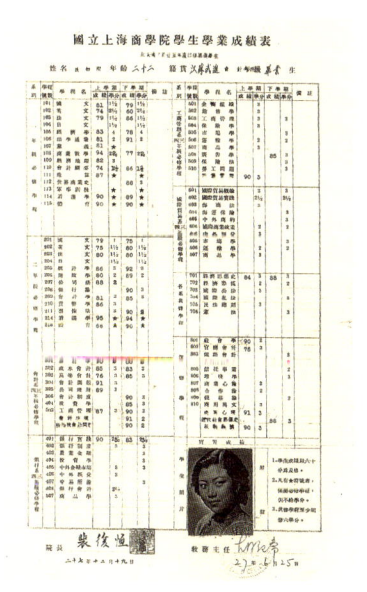

"八一三"事变后，情势迥异，师生的学术研究、学生的团体生活和课外活动等，均因经费环境关系，被迫停止，学院在艰苦的环境与条件下坚持办学，至1940年学院共有学生153人。

学生沈如琛的成绩单（1938年6月）

杨纪琬与中英庚款资助

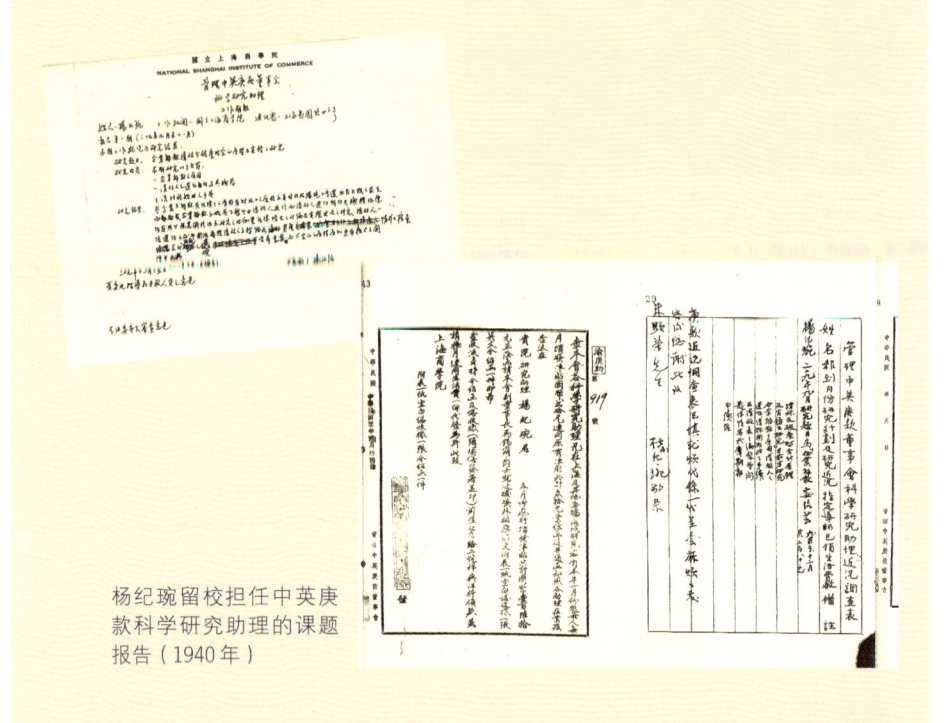

杨纪琬留校担任中英庚款科学研究助理的课题报告（1940年）

1939年，国立上海商学院会计系应届毕业生杨纪琬成功申请到中英庚款，资助其留校担任助教和科学研究助理，在老师安绍芸的指导下开始研究工作。他的第一份研究课题报告是"企业解散清算与破产的会计原理及实务之研究"。此时，日寇肆虐，学校已经被迫搬入逼仄的小楼，条件十分艰苦，安绍芸和杨纪琬师生仍然坚持研究，笔耕不辍。

杨纪琬 (1917—1999)

上海人，会计学家、会计理论家、会计教育家，我国社会主义会计制度的奠基人之一。1939年毕业于国立上海商学院。1949年调入财政部会计司工作，曾任会计制度司司长、中国会计学会副会长、中国注册会计师协会首任会长。任职期间，主持起草新中国第一部《会计法》，发起重建和恢复注册会计师制度。他推动和引领中国会计制度和会计准则建设，为会计理论、会计教育和注册会计师事业的发展奉献了毕生精力，被公认为"新中国会计界的一代名师"。

胡笳胡马遍中原，东北沦亡又几年。
冀察同胞悲卵覆，荆京志士奋长鞭。
旌旗北指山河动，血泪南传袍甲坚。
两岸群雄毕集日，定沾喋血虏庭前。

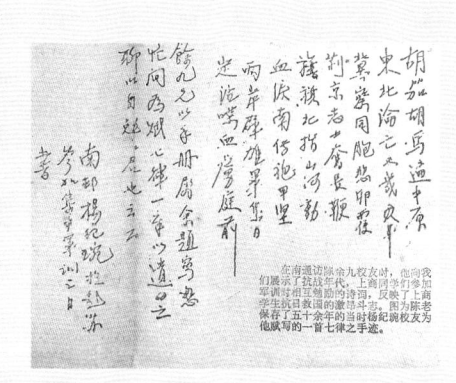

杨纪琬赋写的七律

此诗为抗战时期杨纪琬参加军训时赠同学陈余九的一首七律，反映了上商学子抗日救国的激昂斗志。

最后一课

1941年12月，太平洋战争爆发，日军出兵进占上海租界，"孤岛"全部沦陷。各高校被迫暂时停课，国立上海商学院向学生发放了成绩报告单和肄业证明书，以备日后转学。

1939级会计系校友乌通元回忆道："1941年12月8日，我清楚地记得这一天。那一天，我上的是沈奏廷老师的铁道管理学这门课，沈老师说，日本人的兵车已经开进常德路了，离学校一步之遥而已，我上完这一堂课就决意不再来校了。听完后，我决定也离开上海。"

沈奏廷（1904—1963）

浙江余杭人。铁路运输学家和铁路运输教育家。毕业于国立交通大学、宾夕法尼亚大学研究院。1932年起任国立交通大学讲师、副教授、教授，兼运输管理系主任。同时在国立上海商学院教授运输管理学。作为一名爱国知识分子，沈奏廷不顾自己体弱有病，毅然只身离沪奔赴大后方。1943—1945年任重庆交通大学教授，兼运输管理系主任。1949年后任北方交通大学教授，兼运输工程系主任。1956年定为工科二级教授。沈奏廷被誉为我国铁路运输科学研究的开拓者，铁路运输学科的奠基人。著有《铁路货运业务》、《铁路行车》、《铁路运转经济》等。

沈奏廷

第五章 烽火薪传

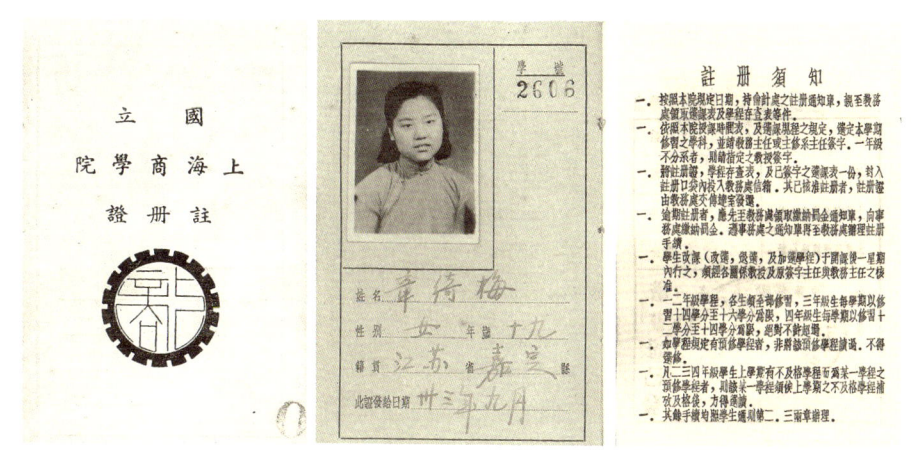

学生章绮梅的注册证（1944年9月）

"国立上海商学院"三三级毕业生合影（1945年6月）

  1941年底，上海沦陷。1942年2月，为维持教学，商学院改称"私立上海商学院"继续开学。6月，汪伪政府"教育部"接管商学院，仍称"国立上海商学院"。1945年8月，日本宣布无条件投降，汪伪政府倒台，"国立上海商学院"随即关闭。

-111-

三、地下党支部的成立

星星之火——地下党支部的成立

1944年早春，愚园路40号的校园里，当时在会计系二年级读书的女生蔡秀坤（现名周池碧）光荣地加入了中国共产党，她是我校历史上第一位中国共产党党员。1944年5月26日，另外两位年轻的女学生，吴廷珠、任应博在吴廷珠的外祖父家宣誓加入中国共产党。也正是在这次会上，费瑛代表上级党组织宣布成立中国共产党上海商学院支部，并指定蔡秀坤任支部书记，任应博负责组织工作，吴廷珠负责宣传工作，星星之火由此开始。1945年6月，李亚平在外单位入党，由蔡秀坤去接转组织关系。此时，上海商学院党员增加到4名。抗战中几位地下党员按照党组织的安排，积极在校内组织发动同学阅读进步书籍，宣传抗战，鼓舞学生士气，发掘进步力量；并在抗战胜利之时书写大量革命标语，张贴于学校周边街道。

蔡秀坤
1944年入读会计系

任应博
1948年会计系毕业生

吴廷珠
1948年会计系毕业生

第六章

战后复员

——黎明前的国立上海商学院

（1946—1949）

一、上商复员

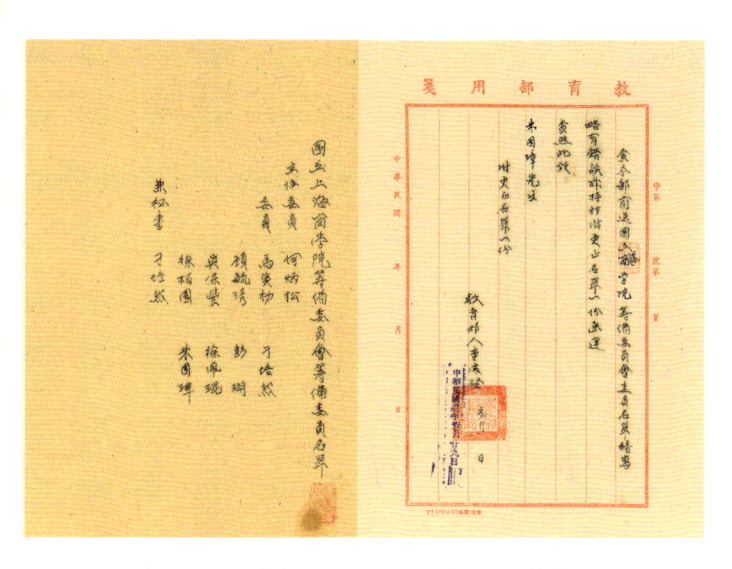

国民政府教育部人事处更正国立上海商学院筹备委员会委员名单函（1946年1月29日）

　　1946年1月，确定的国立上海商学院筹备委员会委员名单为：主任委员何炳松；委员马寅初、刁培然（兼秘书）、顾毓琇、彭瑚、吴保丰、徐佩琨、徐柏园、朱国璋。3月，根据筹备委员会第一次会议决议，为使学院早日复员及发展，呈请教育部批准，加聘陈行、刘攻芸、徐广迟、潘序伦、李道南为筹备委员会筹备委员。

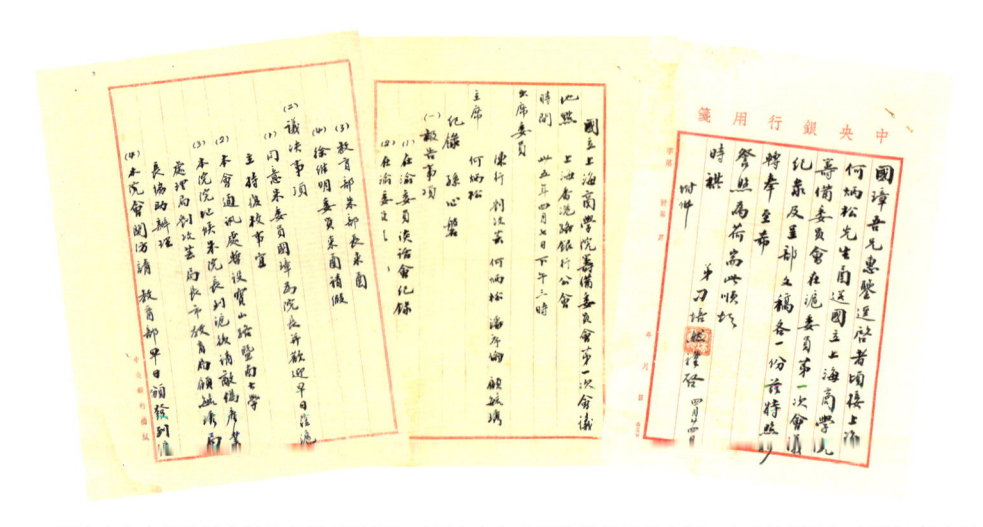

国立上海商学院筹备委员会委员通信和《国立上海商学院筹备委员会第一次会议记录》(1946年4月)

1946年3月8日,筹备委员会在渝委员举行了第一次会议,经决议呈请教育部核聘朱国璋为院长。4月7日,筹备委员会在沪委员召开第一次会议,经决议同意朱国璋为院长,并欢迎早日莅沪主持复校事宜。5月11日,朱国璋到沪,5月15日,朱国璋奉教育部函聘,接替视事,筹备委员会办理结束。

朱国璋（1913—1981）

字仲谋,浙江湖州人,会计学家。毕业于国立上海商学院、伯明翰大学,获商学硕士学位。1946年5月至1949年4月任国立上海商学院院长。

国立上海商学院院长　朱国璋

第六章 战后复员

"上海商学院正筹备复校",《申报》1946年6月15日

报道称:"国立上海商学院新任院长朱国璋抵沪后,即选定平凉路25号为临时复校办事处。至该院校舍,闻教育部准许上海中州路前日本第六国民学校,刻正积极筹备中。本年暑期后,当可正式开课。"

1946年4月2日,教育部令拨上海中州路第六日本国民学校原址为学院院舍。7月5日,国立上海商学院迁入教育部划拨的中州路102号校址,11月1日开学注册,11日开始上课。中州路102号原有L型四层教学大楼一幢,学校迁入后,修葺了教室、游泳池、体育馆、学生宿舍等。

校门

-115-

1947年落成的三层楼的图书馆，内有中文书籍一万六千七百三十八册，西文图书三千四百三十一册，中外杂志一百三十四种，基本满足师生学习参考之用。

图书馆

1947年整修完成的游泳池、网球场、篮球场等体育设施满足了学生强健体魄的需求。

操场、游泳池

《组织大纲》提到:"本学院遵照国民政府公布之中华民国教育宗旨及其实施方针,以培植商业专门人才、研究商业学术为目的。"

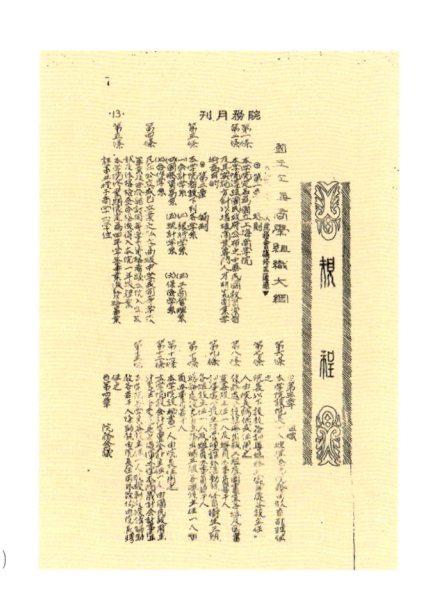

《国立上海商学院组织大纲》(1946年12月)

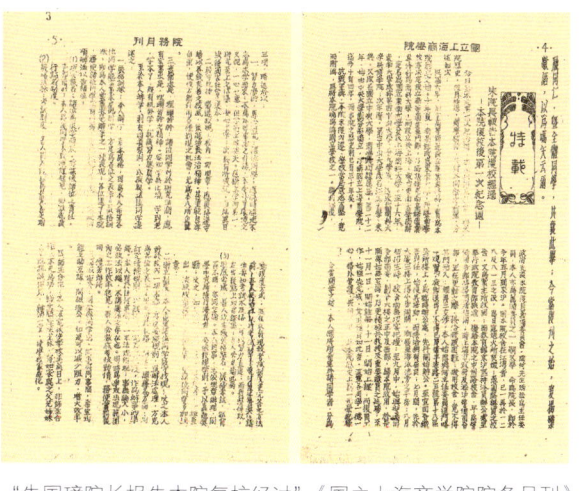

"朱国璋院长报告本院复校经过",《国立上海商学院院务月刊》第一卷第一期(1947年1月)

1947年1月,《国立上海商学院院务月刊》复刊,登载了朱国璋院长于1946年11月在学院第一次纪念周上所作的本院复校经过的报告,向学生提出了"努力学术、专心研究,严守纪律、恪守校规,实事求是、埋头苦干"三点希望,以及"严格训练、树立制度、开诚布公、师生合作"的四项办学原则。

二、增设保险、统计与合作学系

国立上海商学院的学系设置

会计学系　银行学系　工商管理学系　国际贸易学系　统计学系　保险学系　合作学系

1946年6月，学院呈教育部除本院原有银行、会计、工商管理、国际贸易四学系外，拟增设统计、保险两学系。7月，奉教育部电令，准予增设统计、保险及合作三学系。

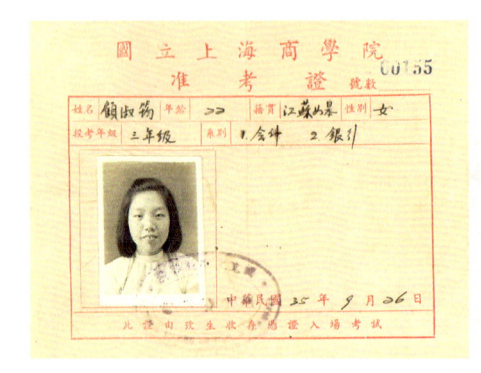

国立上海商学院准考证（1946年9月）

1946年8月30—31日，学院组织复校后第一次新生入学试验，报考者达1945人。9月29日，录取新生揭晓，共录取新生297人，其中银行学系37人、会计学系44人、工商管理学系64人、国际贸易学系39人、统计学系39人、保险学系34人、合作学系40人。至1947年6月，全校共有学生411人。

国立上海商学院1946年各系招生统计表（1946年9月）

首创保险学系

保险学系主任吴道坤在《本院创设保险学系之旨趣与使命》中称："本院创设我国唯一的保险学系，其旨趣与使命……（一）以应学术研究而创设、（二）以应本院整个使命而创设、（三）以应社会需要而创设。"文章阐述保险学的使命在于："可以策谋社会安全、以进世界大同；可以使经济繁荣，民生改善；可以改进社会科学的研究方法……本院是国内唯一的独立商学院，校址设于我国唯一国际市场大商埠的上海，其责任与使命当与其他大学附设的商学院有所不同。除作育一般商业专门人才外，复须注重实验示范之研究，以完成中国最完备之商学院。为了这个目的，自应将商学院所有关之课程一律开齐，更应将重要学程，扩大研究，充实内容，而独立成系。本院所新设统计、保险、合作三学系，就是应此目的而奉命办理的。"

"本院创设保险学系之旨趣与使命"，《国立上海商学院院务月刊》第一卷第七期（1947年10月）

首批保险学系本科生毕业合影（1950年）

首创合作学系

教务主任凌舒谟教授在《一年来的教务》中称:"合作在我国为一新兴事业。国内各大学之设有合作学系者,以本院为首。惟合作事业之推进,除理论研究外,尤应注重实验。"

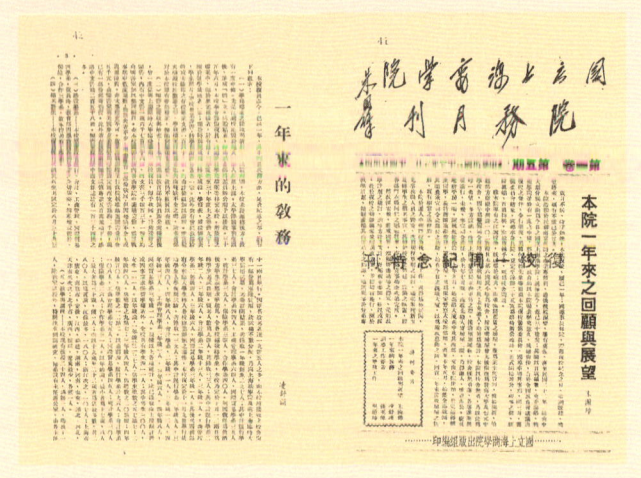

"一年来的教务",《国立上海商学院院务月刊》第一卷第五期(1947年6月)

首批合作学系本科生毕业合影(1950年)

三、优秀师资

至 1947 年 6 月，学院聘有教授 34 人、讲师 3 人、助教 11 人。

凌舒谟（1898—1989）

湖南平江人。毕业于伊利诺伊大学，获经济学博士学位。曾任中国公学商学院院长、重庆大学银行保险系主任及国立中央大学商学院、复旦大学等校教授。1946 年起任国立上海商学院教授、教务长。1956 年定级为三级教授。1958 年随上海财经学院并入上海社会科学院。

教务长　凌舒谟

钱王倬（生卒年不详）

1946—1949 年担任国立上海商学院训导长。

训导长　钱王倬

吴道坤（1906—1953）

江苏宜兴人。毕业于国立中央大学社会经济学系、赴德国柏林大学统计保险系，获哲学博士学位。回国后创建国立商业专科学校并任校长，曾任中央大学、重庆大学教授。1946 年起任国立上海商学院教授兼总务长、保险学系主任。

总务长　吴道坤

褚葆一（1914—2011）

见本书第 102 页。

银行学系兼国际贸易学系主任
褚葆一

许本怡（1907—1983）

见本书第 102 页。

会计学系主任　许本怡

关可贵（1901—1969）

广东开平人，著名保险业者、保险教育家。毕业于加利福尼亚大学，获商学硕士学位。1929年起曾在中山大学、暨南大学、沪江大学等校任教，1948年起任国立上海商学院教授、保险学系主任。1958年随上海财经学院并入上海社会科学院。1960年调回上海财经学院财政金融系任教授。曾主编《保险月刊》。

保险学系主任　关可贵

倪惠元（1907—?）

浙江吴兴人。毕业于美国伊利诺伊大学研究院，获硕士学位。曾任金陵大学、光华大学、齐鲁大学教授，金陵大学经济系主任。1946—1949年任国立上海商学院教授，兼工商管理学系主任。著有《公司理财》等。

工商管理学系主任　倪惠元

徐宗士（1910—1997）

字世平，上海奉贤人。毕业于国立中央大学经济系。1946年9月起任国立上海商学院教授，1947年8月任银行学系主任。最早介绍并翻译凯恩斯学说的学者之一。1949年后曾任教于南京大学、上海交通大学、复旦大学等。译著有《经济政策和充分就业》、《凯恩斯学说指南》等。

银行学系主任　徐宗士

杨开道（1899—1981）

号导之，湖南新化人，农村社会学家。毕业于南京高等师范学校、密歇根农业大学，获博士学位。曾任教于复旦大学、国立中央大学、燕京大学等。1948年初任国立上海商学院教授、合作学系主任。1949年后曾任武汉大学农学院院长、湖北省图书馆馆长等职。著有《农村社会学》、《社会学研究法》、《中国乡约制度》等。

合作学系主任　杨开道

邹依仁（1908—1993）

江苏无锡人，著名统计学家。毕业于国立中央大学数学系。曾就读于巴黎大学、密歇根大学研究生院，获硕士学位。曾任教于复旦大学、中央大学。1946年起任国立上海商学院教授兼统计学系主任。1949年后任上海财政经济学院教授兼统计学系主任、研究处副主任。1956年定级为二级教授。1958年随上海财经学院并入上海社会科学院。著有《高级统计学》、《统计学和质量管理》、《旧上海人口变迁的研究》等。

统计学系主任　邹依仁

四、逐步恢复的教学与研究

报道称："商学研究社，为国立上海商学院校友所组织，并编印《商学研究》创刊于民国三十年一月，以纯粹研究学术之立场，探讨各项经济问题及商业动态，战时被迫停刊，上年十二月，该社将商学研究予以复刊……"

同期，学生编辑的《会计月刊》、《银钱半月刊》等也纷纷问世。

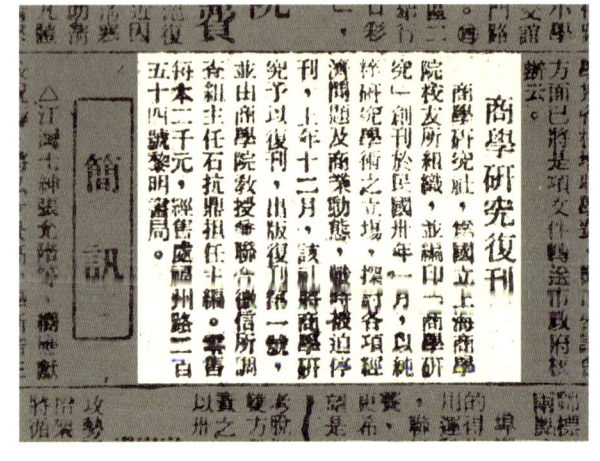

"商学研究复刊"，《申报》1947年1月18日

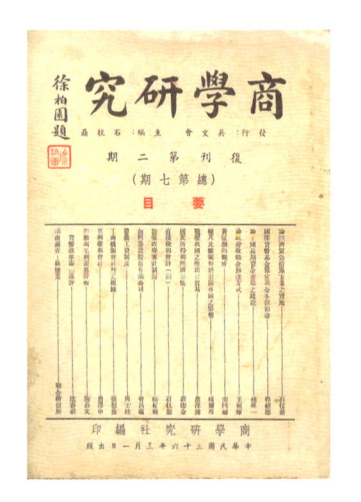

1946年12月，《商学研究》复刊。复刊第一期上刊有"《商学研究》之使命"，重申本刊之使命为：（一）注重学术之研究并介绍世界经济新思潮；（二）报道世界经济金融消息，并阐述各国工商业进展之概况；（三）搜集过去之经济资料，并调查国内工商事业之最近动态，编制金融商品等统计；（四）评论财政法令之得失及金融措施之利弊。

《商学研究》复刊第二期，总第七期（1947年3月）

第六章 战后复员

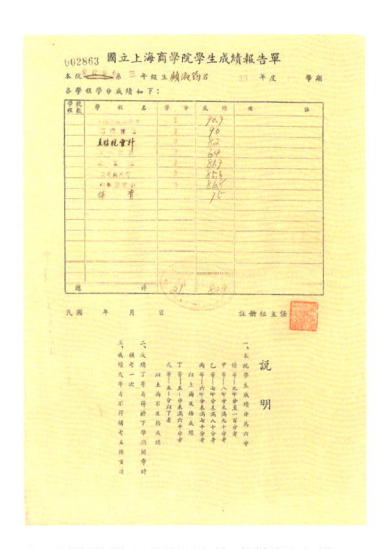

会计学系学生顾淑筠的成绩报告单（1946年）

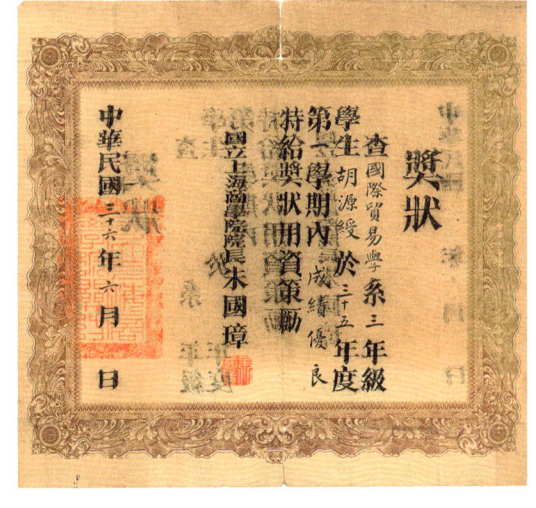

国际贸易学系学生胡源绶的成绩优良奖状（1947年6月）

银行学系学生汪昭月的毕业证书（1947年7月）

国立上海商学院的教学素以严格著称。较为大家熟知的是自20世纪30年代传承以来的"QUIZ"制度，即授课老师在课堂上突然进行难度较大的小测试，便于了解学生是否真正掌握了教学内容。除课堂教学外，还特别注重学生学术研究能力的培养。

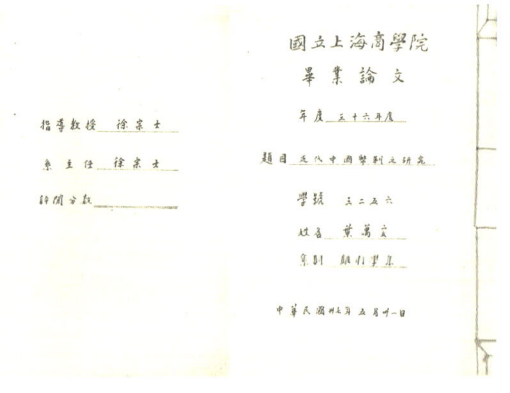

银行学系学生叶万安的毕业论文《近代中国币制之研究》（1948年5月）

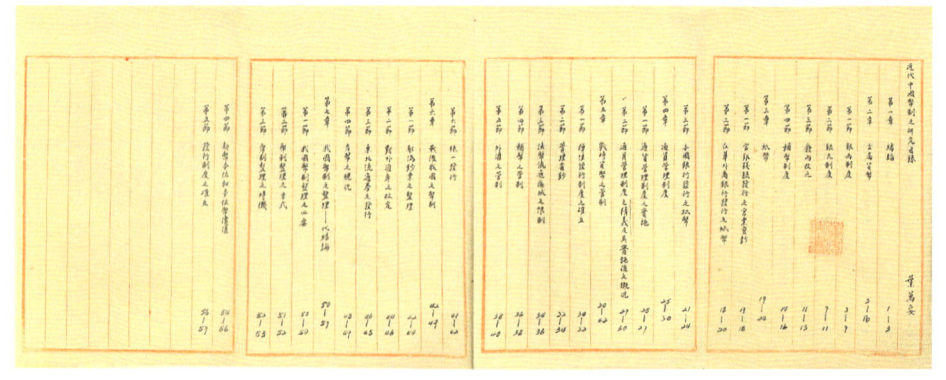

该论文的主人叶万安，后为台湾地区著名经济学家。有人曾说"叶万安一个人能做三个人的事"，叶说自己日后成功的基础就是在国立上海商学院读书期间打下的，是上海商学院Quiz制度下的产品……"徐宗士老师用很多时间讲经济分析与经济政策，生动活泼，提高我的眼界，开阔我的视野，发现经济学原来真正是经国济民之学。转变我的人生志气，放弃银行员的稳定工作与生活，改以'经济研究'为我的志业……"

五、学生活动

国立上海商学院复员之初,碍于校舍狭小,学生的课外活动很受限制。随着校舍的完善,学生的各项课外活动逐渐丰富起来。1947年,学院颁布了"学生课外活动规则",对学生课外团体组织、集会、出版、艺术表演及演说等一一作了规定。

"学生课外活动规则",《国立上海商学院院务月刊》第二卷第五期(1947年10月)

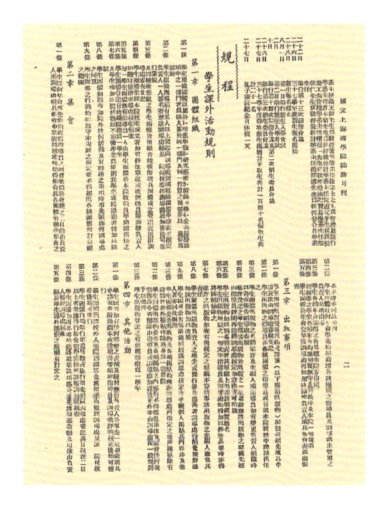

1947年3月,学院学生篮球队参加上海市专科以上学校篮球联赛,荣膺学院组冠军。此外,还获得排球联赛、乒乓联赛学院组冠军。

学生篮球队、排球队、足球队(1947年)

六、迎接解放

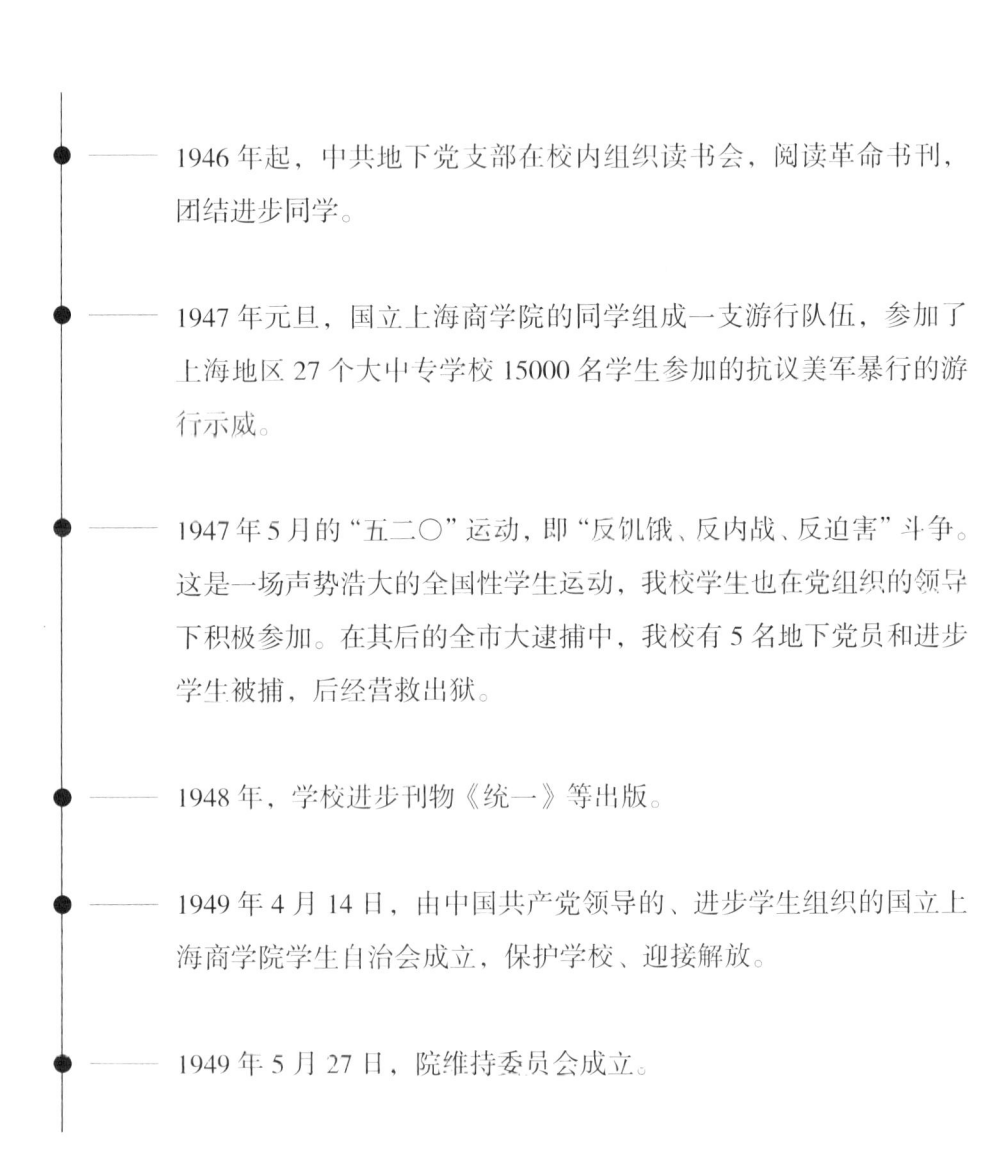

- 1946年起，中共地下党支部在校内组织读书会，阅读革命书刊，团结进步同学。

- 1947年元旦，国立上海商学院的同学组成一支游行队伍，参加了上海地区27个大中专学校15000名学生参加的抗议美军暴行的游行示威。

- 1947年5月的"五二〇"运动，即"反饥饿、反内战、反迫害"斗争。这是一场声势浩大的全国性学生运动，我校学生也在党组织的领导下积极参加。在其后的全市大逮捕中，我校有5名地下党员和进步学生被捕，后经营救出狱。

- 1948年，学校进步刊物《统一》等出版。

- 1949年4月14日，由中国共产党领导的、进步学生组织的国立上海商学院学生自治会成立，保护学校、迎接解放。

- 1949年5月27日，院维持委员会成立。

黎明前的斗争

1949年初，国立上海商学院中州路校园里的大部分学子已经认清中国将走向何方，革命浪潮在校园内激荡。国民政府下拨"应变粮"、"应变费"并要求搬迁国立上海商学院前往台湾，校内进步同学、教师在党组织的指导下，积极开展斗争。4月，国立上海商学院学生自治会经过全校学生民主选举正式成立，选出杨毅芳等十三人为理事，另候补五人；选出龚浩成等五人为监事，候补二人，并确定工作方针：团结应变。对内加强团结，对外与各校密切联系，"在一片洪亮的欢呼庆贺声中，上商上完了'民主的第一课'"。自治会还创办了《新上商》。

1949年4月，朱国璋院长辞职离校。校内人心不定，不少

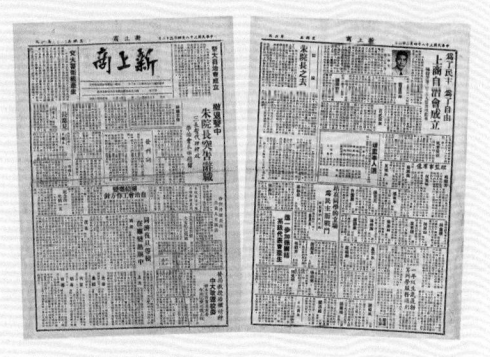

《新上商》第一期（1949年4月22日）

同学、老师对于前途颇感忧虑，校内地下党组织和进步学生纷纷开展各种工作，动员老师留下。不久，国民党反动派在全市各大学开展"四二六"大逮捕，共逮捕356人。我校有19人被列入军警的逮捕名单，如左士俊、杨毅芳、何克明、庄福龄等，后有38名学生被捕，教务长凌舒谟教授也被捕（后被保释出狱）。当时许多同学就在自己床上被军警逮捕，少数学生逃脱，有人逃入邹依仁、杨开道等教授在中州路校内的家里，装成他们的孩子躲进浴缸，也有同学躲进褚葆一教授家里，装作他的儿子躺在床上睡觉，躲过一劫。

训导长、总务长、各系主任联名保释在1949年"四二六"大逮捕中被逮捕的教务长凌舒谟（1949年5月）

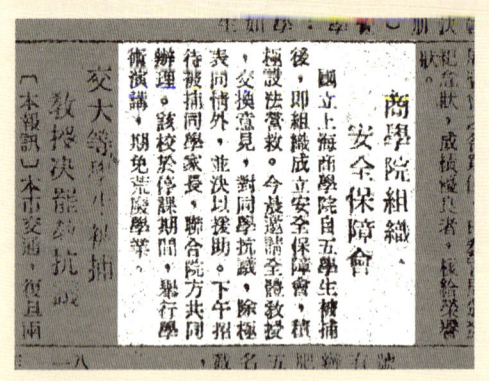

"商学院组织安全保障会"，《申报》1947年6月1日

国立上海商学院校徽（新中国成立前）

5月15日，大部分同学在社会各界营救下保释出狱，其余100多人（包括我校同学6人）继续被关押在我校图书馆内。5月24日，伴随着解放军胜利进入上海市区，反动军警一哄而散。25日早晨，在同学们的接应下，被关押同学成功冲出牢房，重获自由。与此同时，学校内部在党组织的安排下成立了护校巡逻队，保证校园安全，稳定过渡。5月27日，院务维持委员会成立，推定褚葆一为主任委员。30日宣告结束，院务仍由吴道坤主持，静待接管。学校师生和全上海人民一起走上街头欢庆解放。

七、上商新生

1949年7月29日，中国人民解放军上海市军事管制委员会主任陈毅、副主任粟裕签发任命令："兹派褚葆一、凌舒谟、邹依仁、许本怡、雍文远、何克明（学生代表）、杨毅芳（学生代表）为国立上海商学院校务委员，许本怡兼教务主任、雍文远兼秘书主任。除分令各新任人员即日到职视事外，着该校原有负责人克日办理移交，并将交接情形具报。"

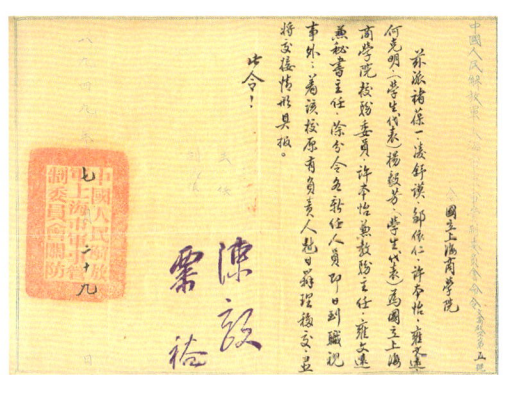

中国人民解放军上海市军事管制委员会命令（1949年7月29日）

校务委员会主任委员　褚葆一（1949年7月—1950年12月）

许本怡任校务委员兼教务主任的任命令（1949年7月）

国立上海商学院校徽（新中国成立后）

1949年8月1日，上海市军管会宣布成立国立上海商学院校务委员会，褚葆一为主任委员。8月3日，国立上海商学院校务委员会召开第一次会议，军管会代表杨西光到校讲话，强调加强集体领导，推进校务。校务委员会发表就职宣言，并于8月9日拟订《校务委员会暂行组织条例》，随即开始行使职权。

1950

第三篇
曲折前行 复校创业
1950 — 1985

　　1950年，学校更名为上海财政经济学院。经过院系调整，汇集了二十余所高等学校的财经系科，成为华东地区唯一的综合性财经学院。1958年后，学校历经坎坷，于1978年复校，并在学科建设、校园建设、国际合作方面不断开拓，为学校进一步发展打下重要的基础。

第七章

江河汇海
——新生的上海财政经济学院
（1950—1958）

一、更名为上海财政经济学院

1950年8月2日，奉中央教育部批示和华东军政委员会教育部批示，国立上海商学院正式改名为上海财政经济学院（后简称上海财经学院），由华东财委和教育部双重领导，以华东财委为主。1950年12月，孙冶方出任院长；1952年8月，中共上海财政经济学院委员会成立，姚耐任党委书记。

上海财政经济学院校徽

上海财经学院教工、学生校徽

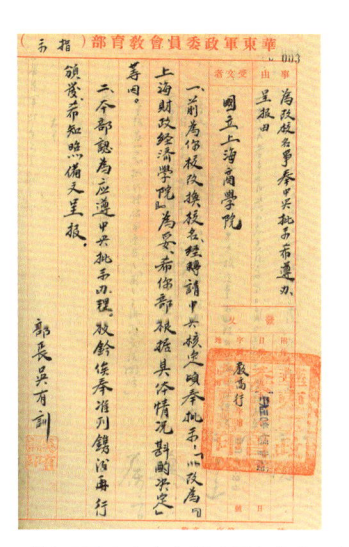

第七章　江河汇海

《关于国立上海商学院更名的指示》
（1950年7月）

上海财政经济学院校门（1950—1952年）

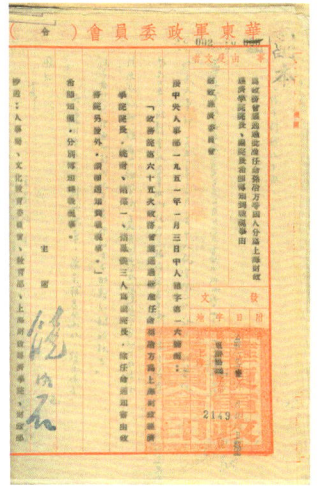

根据政务院第六十五次政务会议通过，批准任命孙冶方为上海财政经济学院院长，姚耐、褚葆一、褚凤仪为副院长。

华东军政委员会转达任命上海财政经济学院院长、副院长的通知
（1951年1月）

褚葆一任副院长的任命通知书（1950年12月）

-135-

孙冶方（1908—1983）

原名薛萼果，江苏无锡人。著名马克思主义经济学家，老一辈无产阶级革命家。毕业于苏联莫斯科中山大学。1930年回国从事革命活动和经济理论研究。1949年后曾任华东军政委员会工业部副部长、国家统计局副局长、中国科学院经济研究所所长等职。1982年当选中共中央顾问委员会委员。1950年12月—1953年12月任上海财政经济学院院长。著有《社会主义经济论》、《社会主义经济的若干理论问题》等。以他名字命名的"孙冶方经济科学奖"是中国经济学界最高奖。

上海财政经济学院首任院长 孙冶方

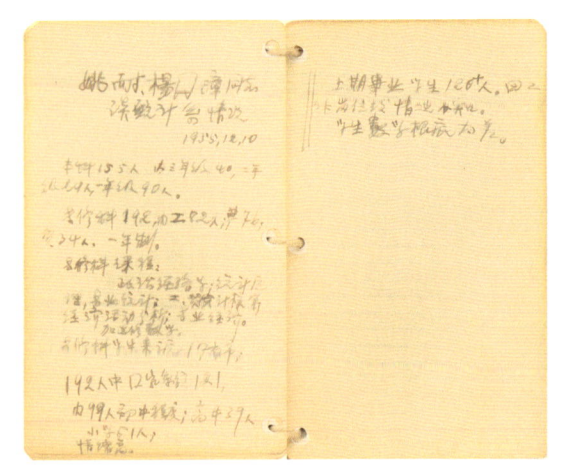

"与姚耐、杨国璋同志谈统计系情况"，《孙冶方日记》（未刊本）（1955年12月10日）

第七章 江河汇海

上海财政经济学院首任党委书记
姚耐

姚耐（1909—1991）

福建福州人。曾就读于北平朝阳大学经济系，1936年赴日本留学，在东亚日本语学校学习日语，并从事进步学生运动。1937年回国后历任华中建设大学民政系主任、山东大学教务长。1952—1958年任上海财经学院党委书记、院长，后任上海社会科学院副院长兼经济研究所所长等职。1978年组织上海财经学院复校工作，1979—1984年间任上海财经学院党委书记兼院长。姚耐为学校的办学呕心沥血，做出了巨大的贡献。

姚耐任院长的任命通知书（1953年11月）

图说上财：1917—2017

二、"到实际工作中再去学习"

学校以"理论联系实际"为新时期的办学方针，实行三年课堂学习、半年生产实习的新学制，大力邀请业务部门在各系设立专题讲座，有计划地安排教师和学生到农村、工厂和商店开展社会调查。

孙冶方题词："跑出学校门，到实际工作中再去学习"（1951年）

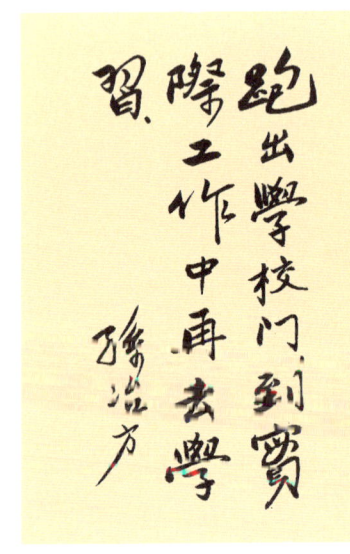

学生下农村访问（1952年3月）

学生下农村调查（1952年7月）

第七章 江河汇海

华东工业部上海电机厂轻电机车间办公室全体同志欢送财经学院同学合影（1952年7月）

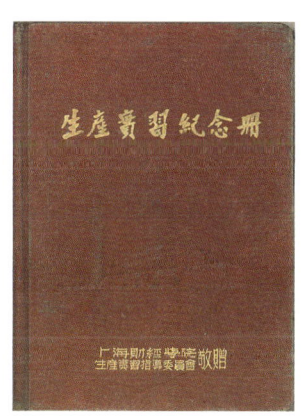

《生产实习纪念册》（1954年）

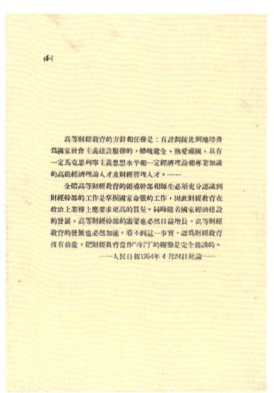

《上海财经学院学校介绍》（1956年）

在1956年的学校介绍中提到："本院培养目标，是根据国家总路线总任务的要求，培养为国家社会主义建设服务的体格健全、热爱祖国、具有一定马克思列宁主义水平和具有一定经济理论和专业知识的高级经济理论人才及企业管理人才。"

三、院系调整

并入上海财经学院的学校或系科

- 1950 年 8 月，私立上海法学院经济系、银行系、会计系、统计系、会计专修科、银行专修科并入。

- 1951 年 4 月，华东财经学校并入。

- 1951 年 6 月，交通大学财务管理系并入。

- 1951 年 8 月，光华大学商学院、大夏大学会计专修科并入。

- 1952 年 8 月，复旦大学财经学院、沪江大学商学院、浙江财经学院、大同大学商学院、圣约翰大学经济系、江南大学工业经济系、立信会计专科学校、震旦大学法学院夜专修科、东吴法学院会计系、上海学院会计、企管专修科、上海商业专修学校、中华工业专修学校并入。

- 1952 年 10 月，东吴大学经济系并入。

- 1953 年 8 月，厦门大学企业管理系和山东财经学院并入。

调整出去的专业

- 1954 年，国外贸易专业调整至北京外贸学院。

- 1955 年，国民经济计划专业学生调整至中南财经学院，经济计划系停办。

第七章　江河汇海

1950年，私立上海法学院在院长褚凤仪带领之下将除法科之外的学科和校园整体并入上海财政经济学院。

欢迎上海法学院师生员工并入上海财政经济学院（1950年）

沪江大学商学院全体同仁在并入我校前夕合影（1952年）

师生数量对比图

	在校生	教职工
1949年	448人	297人
1953年	1745人	704人

"这样，我院就汇集了华东地区各高等学校财经系科而成为华东地区唯一的综合性的财经学院了。"

——姚耐院长在校庆大会上的开幕词，1956年11月1日

图说上财：1917—2017

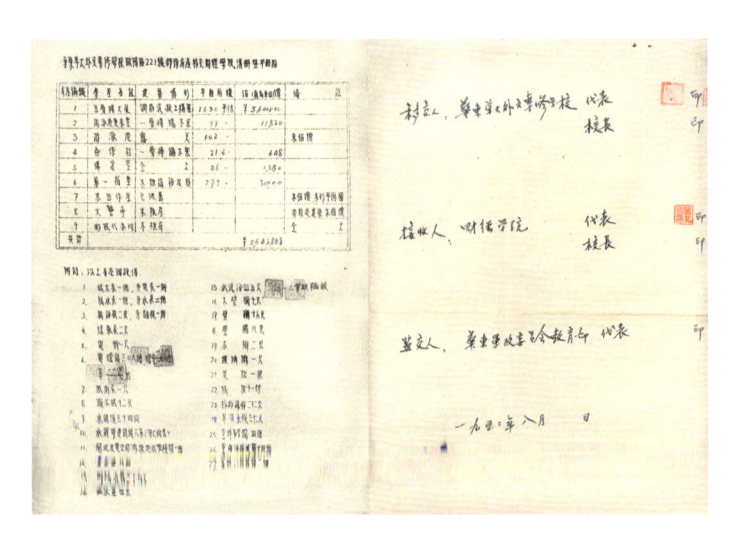

欧阳路221号房屋移
交清册（1952年8月）

随着院系调整的进行，学校规模迅速扩大。1952年，为满足学校进一步发展，学校迁入欧阳路221号校区，直至1958年学校被撤并。

欧阳路校区四达路校门
（20世纪50年代）

欧阳路校区主要建筑——解放楼
（20世纪50年代）

欧阳路校区最初占地62亩，有解放楼、和平楼两栋主要建筑，至1955年，校区扩大到140.4亩，校舍总面积超过30000平方米。

四、名师云集

1956年7月，全国高等学校教职工进行了一次工资评定和调整。上海财经学院由于汇聚了华东地区高校财经系科的大部分师资，参加定级的教授共有108人，评定结果：其中二级教授12人、三级教授19人、四级教授48人。

二级教授

褚葆一（1914—2011）

见本书102页。

褚葆一

褚凤仪（1898—1975）

浙江嘉兴人。统计学家。1917—1926年先后留学南锡大学、柏林大学，攻读数学和经济学。1950—1958年任上海财经学院教授、副院长。曾任九三学社上海市委常委、上海市政协委员、上海市第一、第二届人民代表大会代表。编著有《投资数学》、《速算》、《统计辞典》等，编译有《经济统计学教程》、《世界劳动手册》、《世界人口手册》等。

褚凤仪

龚清浩（1909—2001）

上海崇明人。著名会计学家。毕业于交通大学、伊利诺伊大学、（美国）西北大学，获会计学硕士、工商管理硕士学位。1952—1958 年、1960—1972 年、1978 年起任上海财经学院教授，曾任会计统计系主任。曾任上海市第五、第七、第八届人大代表，以及中国会计学会副会长、顾问。一直负责大型辞书《辞海》会计类词目的编撰工作，曾主编《会计辞典》。

龚清浩

李炳焕（1900—1975）

福建福州人。毕业于复旦大学、伊利诺伊立大学，获经济学硕士学位。1952—1958 年任上海财经学院教授、副院长，1960 年任上海财经学院英语教授。著有《经济思想史》、《货币政策与经济稳定》、《苏联计划经济问题》等。

李炳焕

李鸿寿（1909—1998）

江苏扬州人。会计学家。毕业于复旦大学。1952—1958 年、1960—1972 年任上海财经学院教授、副院长兼夜校部主任。1978 年起任上海财经学院副院长兼夜校部主任、教授。曾任多届上海市人大代表、政协常委、中国民主同盟中央委员、民盟上海市委常委、副秘书长、民盟中央参议委员等。著有《会计学》、《专业会计制度》、《审计学》、《会计学原理及实务》（合译）等。

李鸿寿

孙怀仁（1909—1992）

浙江杭州人。经济学家。毕业于早稻田大学。1950—1958年任上海财经学院教授、工业经济系主任。1978年后任上海社会科学院副院长兼经济研究所所长、上海市经济学会会长。著有《中国农村现状》、《金本位动摇之意义》、《中国财政的病态及其批判》等。

孙怀仁

王惟中（1903—1996）

安徽合肥人。经济学家。毕业于圣约翰大学、维也纳商科大学，获经济学博士学位。1952—1958年任上海财经学院教授。曾任上海市第三、第四、第五届人大代表，中国《资本论》研究会理事、全国外国经济学说史学会理事。著有《〈资本论〉提纲》，合著《资本论专题研究》、《资本论专题研究及其运用》等。

王惟中

吴承禧（1909—1958）

安徽歙县人。经济学家。毕业于复旦大学。1952—1958年任上海财经学院教授、教务长。曾任民盟中央和民盟上海市常委、民建上海市临时工作委员会常委、上海市人民代表及上海市政协常委。著有《中国的银行》、《政治经济学的对象》、《厦门的华侨汇款与金融组织》等。

吴承禧

许本怡（1907—1983）

见本书 102 页。

许本怡

杨荫溥（1898—1966）

见本书 54 页。

杨荫溥

邹依仁（1908—1993）

见本书 123 页。

邹依仁

周伯棣（1900—1982）

浙江余姚人。金融学家。毕业于大阪商科大学。1952—1958年任上海财经学院教授、财政金融系主任。曾任上海市政协第一、第二、第三、第四届委员、上海经济学会理事等。专长财政金融学，著有《中国货币史纲》、《经济学纲要》、《国际经济概论》、《金融政策》、《中国财政思想史稿》、《中国财政史》等。

周伯棣

师风长存——学生眼中的教授们

褚葆一：他被叫做"娃娃教授"，却是国际经济和国际贸易领域的重量级专家。他知识烂熟于心，在课堂上举例实证"随手拈来"，尽显大师风范。

褚凤仪：不苟言笑的他授课严谨、条理清晰，利用各种手摇计算器、算盘、速算方法给大家授课，将枯燥的数学讲得很生动。

龚清浩：他淡泊名利、为人谦逊。十分注意教学方法研究，提倡启发式教学，因材施教。上课时是一位严师，下课后更像慈父。

李炳焕：他鹤发童颜，目光炯炯，操一口带着福建语调的普通话，讲起课来娓娓动听，中气十足。

李鸿寿：他气质温文尔雅，虽然管的是成人教育，却异常严格，铁面无私，这既是办学的原则也是他做人的原则。

孙怀仁：他待人和气，平易近人，脸上经常留着"日本式"八字小胡须，讲课时有条不紊、慢条斯理、出口成章的论述，逻辑严密的分析讲解，配上十分漂亮的板书，能够把《资本论》讲得引人入胜。

王惟中：他上课激情四射，抓住重点突出难点，在不断回答"为什么"之中步步深入核心，把抽象的理论具体化。

许本怡：他身材魁梧、不苟言笑，以严厉著称，一进教室空气顿时凝结，几乎每周都要突击测试，及格者寥寥。

杨荫溥：他大名鼎鼎，却架子不大。学术上精益求精，上课也是一丝不苟。他还有一个绝活，那就是小号吹的特别好，学校舞会上他总爱和学生们一起欢声笑语。

邹依仁：他外表清瘦，灰发满头，却精神颇为旺盛，讲课语速不快，简洁、扼要、清晰。分析则高屋建瓴、严密细致，听他柔声细语的讲课真是一种享受。

周伯棣：他拥有翩翩君子风度、淡泊名利、一心治学。专业理论强，对待科研一丝不苟。

五、学习苏联的教育模式

苏联文化代表团团员布拉金斯基与姚耐院长会谈（1955年10月）

20世纪50年代前中期，中国教育界全面学习苏联经验，效仿其教育模式设置专业、教研室（组），统一教学计划和大纲，编译其教材。学校在教学计划与课程设置上主要参考中国人民大学，取消学分制，采用学时制；取消选课制，采用班级制；注重俄文进修，增加政治理论课比重等。

1954年6月，学院邀请苏联专家布列也夫和波格达诺维奇等来院讲学，分别对国民经济计划和工业经济课程教学内容做重点演讲，并帮助经济计划、工业管理两系解决教学改革中发生的问题，全院掀起了学习苏联专家报告的热潮。

苏联专家布列也夫为师生讲课（1954年6月）

第七章 江河汇海

"学习苏联 改进教学",
《上海财经学院院刊》
1954年第3期

"……从教学改革上来看,我们学习了苏联高等教育经验,逐步克服了保守思想,纠正了自由散漫的教学态度,而代之以集体备课、试讲、讨论等方法。这样保证了教学工作有计划、有步骤地进行,也发挥了教师的集体力量和潜在力量……"

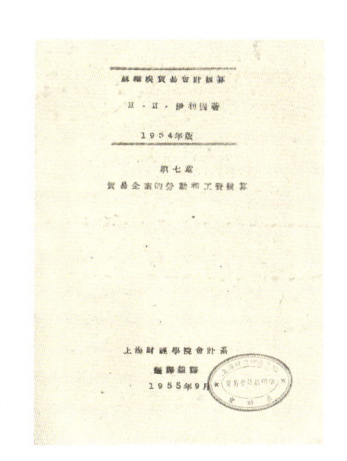

学校会计学系翻译组翻译的《苏维埃贸易会计核算》(1955年)

上海财经学院的系科与专业设置（1955年）

财政信贷系	会计学系	工业经济系	贸易经济系	统计学系
财政学专业；货币与信贷专业	会计学专业	工业经济专业	贸易经济专业；供销与消费合作社专业	统计学专业

1950—1955年，学院对系科专业进行了一系列调整，财政金融系调整为财政信贷系，工业管理系调整为工业经济系，贸易系调整为贸易经济系，撤销了保险学系、合作学系、财务管理系和经济计划系，有关专业并入其他学系。

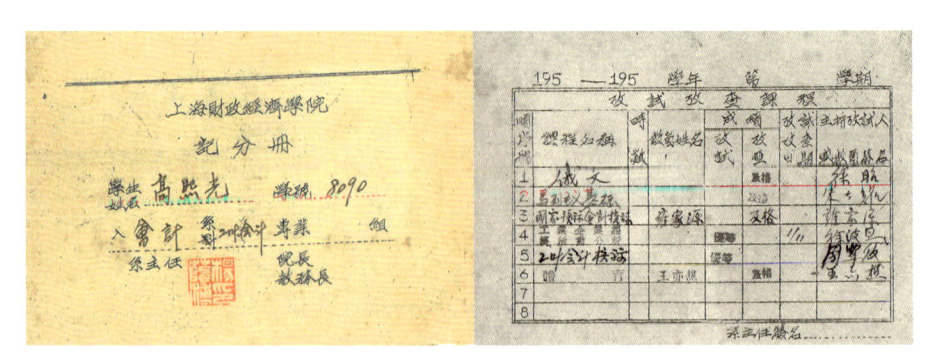

20世纪50年代初期上海财政财经学院记分册

从记分册上可见，俄文是当时的必修课。

六、培养财经专业师资

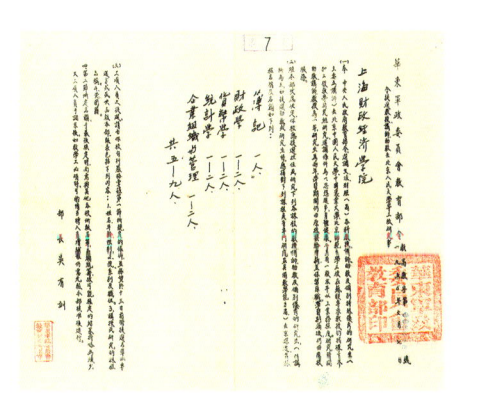

"华东军政委员会教育部令上海财政经济学院提选教授、讲师、助教去人民大学等三校研究事"（1950年6月）

"奉中央人民政府教育部令，选调文、法、财经（商）各科教授、讲师、助教及个别特殊优秀的研究生（主要为讲师）去北京中国人民大学……在苏联专家的指导下，参加教学研究组研究……课程名称及名额如下列：薄记1人、财政学1~2人、货币学1~2人、会计学1~2人、企业组织与管理1~2人……"

1950年10月起，学院每年有计划地选送一批教师到中国人民大学读研究生班或进修马列主义理论、政治经济学、财政货币和企业组织等专业课。1952年9月至1955年9月，教师参加脱产进修者共计85人，进修课程达30余门，内容涉及哲学、政治经济学、财政金融、会计、统计等学科，几乎涵盖了学院大部分专业和课程，许多教师学成回校后成为教学骨干。

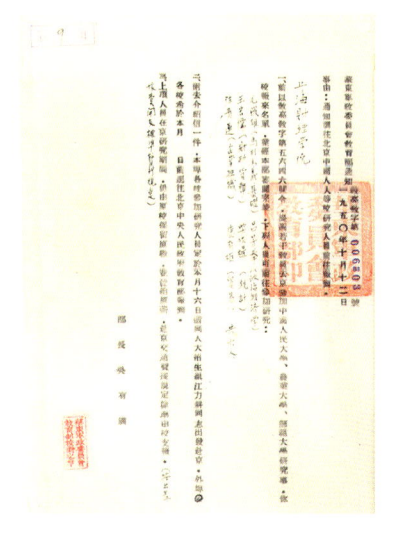

"华东军政委员会教育部通知上海财经学院调往中国人大等校研究人员前往报到"（1950年10月）

上海财经学院教师在中国人民大学进修时参加欢送苏联专家合影（1954年6月）

赴中国人民大学教师研究班研修生程桂芳的研修毕业证书（1955年）

许本怡教授（左二）与会计学系教师集体备课（20世纪50年代）

第七章　江河汇海

七、选拔学生留学苏联和首次接收越南留学生

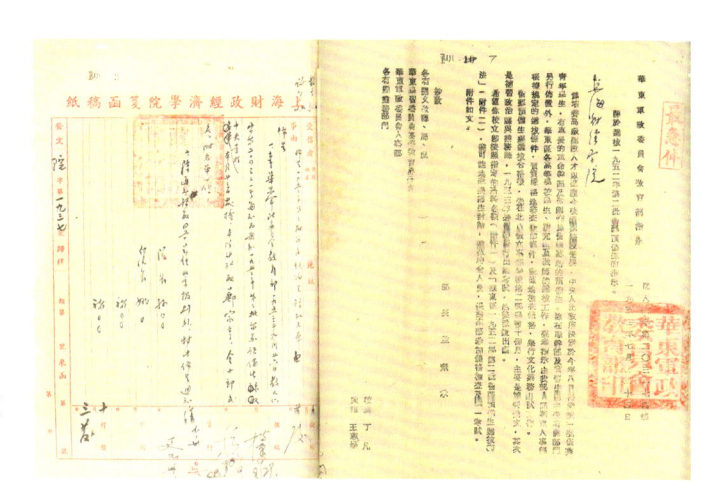

《关于报送第二批留苏预备生的指示》（1952 年）

华东军政委员会教育部指示学院："中央人民政府决定于今年 8 月再选拔一批优秀青年学生、有专长的革命干部及教师作为留学苏联的预备生。……希望你校立即按照指定的系科名额及'华东区 1952 年第二批留苏预备生选拔办法'，尽可能地经过师生讨论，选拔符合人员，报送来部参加体格检查及统一考试。"

1952 年，根据华东军政委员会教育部的指示，我校先后选送两批三名学生赴苏联莫斯科国家统计学院等校留学。

留苏学生杨树庄（左一）、郑家亨（左三）在莫斯科求学期间留影（1956 年 5 月）

-153-

"谁说党和政府对财经不重视？校友杨树庄从莫斯科的来信"，《上海财经学院院刊》1957年第64期

1957年7月，国家高教部指示学院接收两名越南留学生来校学习财政与信贷专业，这是学校历史上第一次接受留学生。

高等教育部"关于2名越南留学生赴你院学习的问题"的指示（1957年7月）

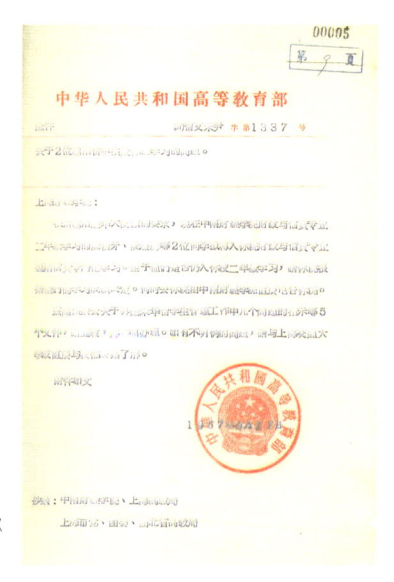

八、面向社会主义经济建设的科学研究

1952年9月25日，学院院务会议通过成立研究处的决议，任命周耀平（周有光）为处长。

邹依仁、李炳焕、周耀平合影（20世纪50年代）

1954年10月，学院制定了《上海财经学院科学研究工作暂行办法》，《办法》提出："本院科学研究工作，目的在于提高教学质量，提高科学水平，在'理论联系实际，研究结合教学'的原则下进行。""科学研究暂以下列各项为范围：（1）专题论文；（2）编写教材（结合中国实际，深入钻研）；（3）专题著作；（4）其他。"

"上海财经学院科学研究工作暂行办法"，《上海财经学院院刊》1954年第2期

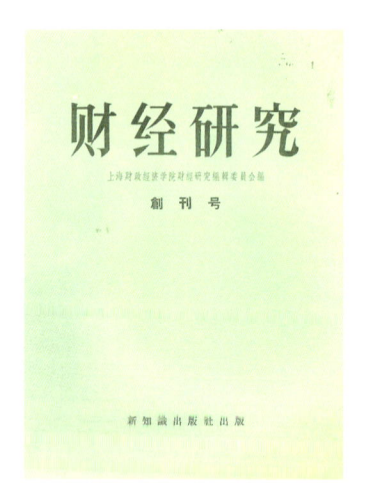

1956年9月，《财经研究》正式创刊。

《财经研究》创刊号（1956年9月）

《上海财经学院第一次科学讨论会计划》（1956年11月）

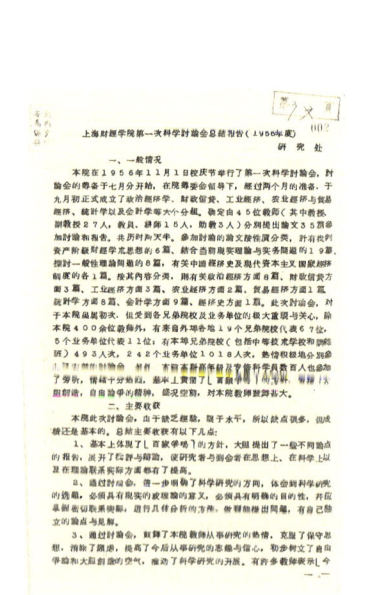

《上海财经学院第一次科学讨论会总结报告》（1956年11月）

从1956年开始，学院每年公开举行科学讨论会一次，邀请校内外教师及专家参加。科学讨论会分综合讨论及分组讨论，前者由研究处筹备，院长或者副院长主持；后者由教研组（一组或几组联合）在全院统一计划下筹备，系主任主持。1956年11月校庆期间，学院举行了第一次科学讨论会，与会的兄弟高校、单位多达100余家，分为政治经济学、财政信贷、工业经济、农业经济与贸易经济、统计学、会计学6个分组，共提交论文35篇。

第七章　江河汇海

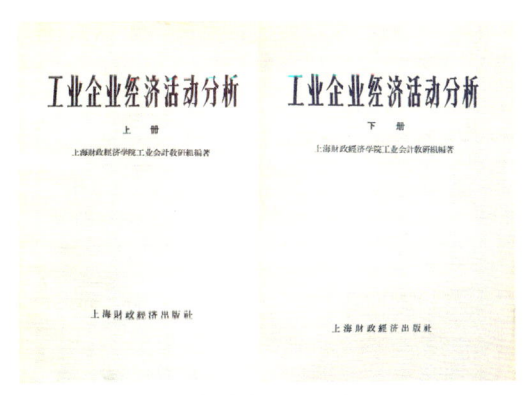

《工业企业经济活动分析》（1958年）

学院教师通过下基层，及时了解我国社会主义经济建设中的实际问题，针对课堂教学的需求，编写了一系列"中国化教材"。

"我院年内要编出40多种中国化教材"，《上海财经学院院刊》1958年第90期

理论与实践的结合

1955年起，学校簿记核算教研组与上海国棉六厂共同研究试行"凭证整理单日记账"核算形式，废除老的记账方式。在研究过程中，学院老师深入基层，取得第一手资料，写成实务制度草案，再由该厂、华东纺织管理局与学院会计学系教研组组织座谈会共同讨论施行办法，并建立联系制度相互研究施行情况，成为苏联经验与中国情况、科学研究与推动生产结合的成功案例。

《工业企业凭单日记账核算形式》（1958年）

九、"一切为着建设祖国"

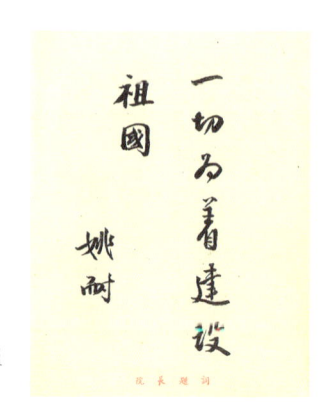

姚耐院长题词:一切为着建设祖国(1954年)

参干同学在学校门口合影(1950年12月)

1950年底,学院学生积极响应"抗美援朝、保家卫国"的号召,有四分之一的同学踊跃报名参加军事干校。首批43名同学被批准参加军事干部学校。1951年1月,参干同学离校,与全市5000多名参干学生一起踏上新的征程。1951年7月,学院又有12名同学被批准参加第二批军事干校。

上海财经学院第二批参加军事干校同学暨院长、系主任合影(1951年7月)

欢送参干同学（1951年7月）

参军参干　保卫祖国

会计学系二年级同学唐朝贤在毛主席像前，咬破手指，写下了血的誓言："坚决响应祖国号召，积极参加国防建设。"陈儒林同学坚决要求参干，不惜割破手指，终于获得父母的理解和支持。程馥葆同学是独生女，母亲爱之如命，不舍其参军，又即将毕业，反复劝慰终于获得了母亲的许可，毅然投笔从戎。

关可贵教授坚决支持他的两个儿子报名参干，他说："活了几十年，今天能替国家尽一份力量，我感到光荣。"

学校的公告栏被贴上了数不清的决心书，大多写着："为了自由的今天和幸福的明天，我们要为保卫新生的祖国而战！"

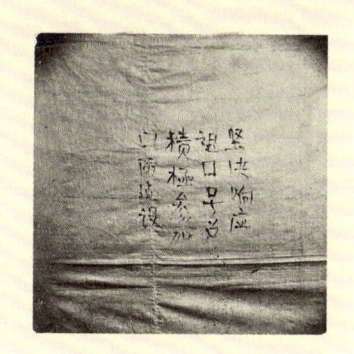

会计学系唐朝贤的决心血书（1950年）

图说上财：1917—2017

上海财政经济学院1950级全体毕业同学合影（1951年6月）

上海财政经济学院1951年度第二学期全体毕业同学暨全校师生员工代表会议代表合影（1952年9月）

第七章　江河汇海

毕业生热爱祖国服从统一分配决心大会（20世纪50年代）

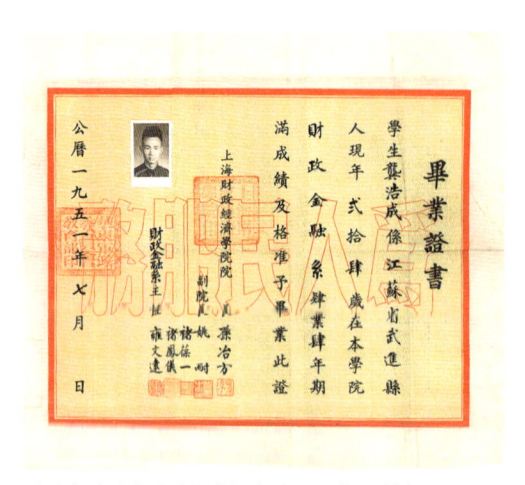

财政金融系龚浩成毕业证书（1951年7月）

为了满足国家第一个"五年计划"对人才的需要，1953届、1954届大学生提前一年毕业。毕业生响应祖国建设的号召，积极要求"到西北、到东北、到华北、到边疆去，到祖国最需要的地方去"。1953年毕业的1885名学生分配在华东区以外的占67.3%，844人被分配至国家重要部门工作。

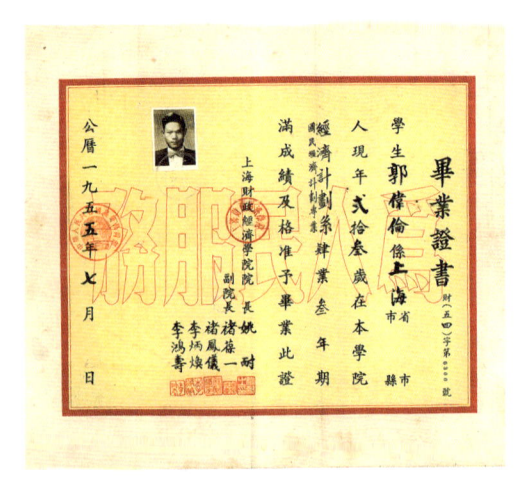

国民经济计划专业郭伟伦毕业证书（1955年7月）

上海财经学院毕业、结业纪念章（1957年

为国争光的女发明家——王菊珍

1953届企业管理系王菊珍毕业后分配到上海灯泡厂工作,担任钨丝试制小组的工程师助手。1953年9月,小组试制成功中国第一根钨丝,成为王菊珍迈向高科技的起点。虽然她学的是企业管理,但经过4年半的艰苦学习,获得了业余工大化工专业文凭。她边学习边工作,与试制组的同事一起,把耐震钨丝、钍钨丝、耐高温钨丝等一系列新产品的试样,转化为批量产品。她研制成功供金属陶瓷封接用的超细钼粉,被评为1964年国家科委优秀科研成果。1972年12月,经过反复试验,她领导的小组试制成功氧化铈含量为2%~3%的钨铈新材料,成品率达80%以上。解决了国外文献记载的非放射性电极材料含量大于1%时难以成材的难题。新产品可用于氩弧焊、等离子焊接切割、喷漆、熔炼和激光气体放电光源等,其效用提高几十倍甚至百倍。1981年6月,王菊珍进一步试制成工艺难度更高、氧化铈含量为4%的钨铈电极,为当时国际上钨铈电极含量的最高水平。我国钨铈电极产品开始进入国际市场,既解决了此类产品放射性污染的问题,又为国家换回了大量外汇。

1980年9月,巴黎国际标准化组织焊接材料标准会议通过我国提案,把钨铈电极作为一个新品种电极列入"惰性气体保护电弧焊和等离子焊接及切割用钨电极"的国际标准。1987年,钨铈电极获得美国专利批准,这是我国恢复专利制度后,上海被批准的第一项外国专利。

1987年,钨铈电极获国家技术发明奖一等奖,是这一年唯一的一等奖,也是建国以来的唯一由妇女获得的一等奖,因此她也有"世界钨电极女皇"

的美誉。自 1982 年起，王菊珍连续 3 次被评为上海市劳动模范，1989 年被评为全国劳动模范。1987 年被评为高级工程师，1989 年被评为教授级高级工程师。1985 年和 1988 年分别获得上海市和全国"三八红旗手"称号。

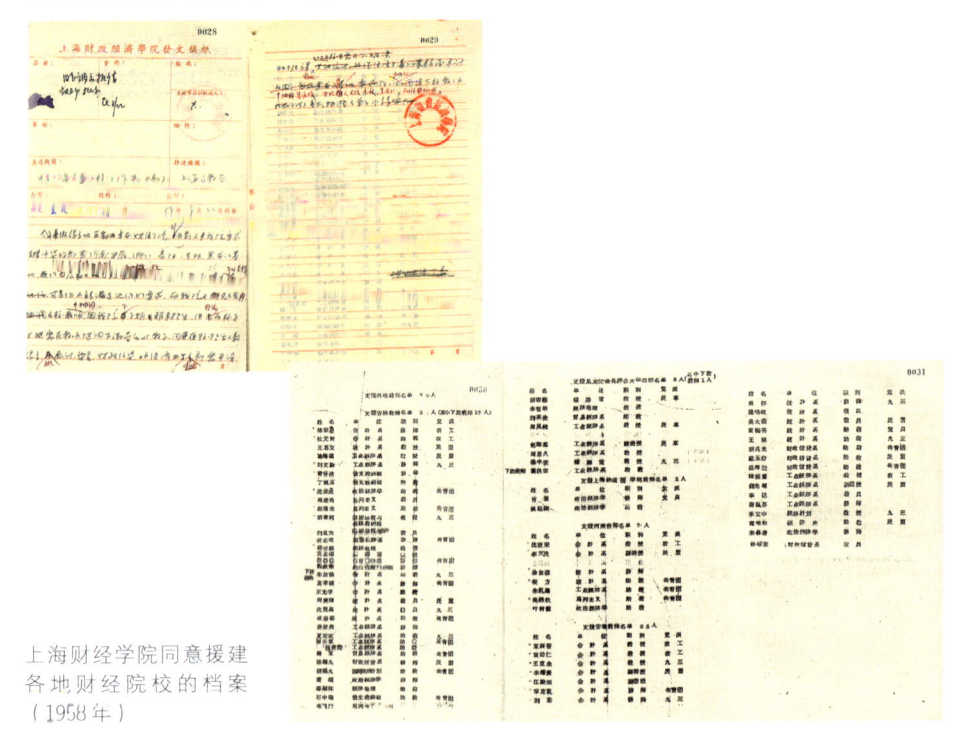

上海财经学院同意援建各地财经院校的档案（1958 年）

1958 年夏，全国多个地区计划筹建财经学院，纷纷向上海财经学院请求支援师资。学院决定大力支援各地财经院校建设，最终抽调了 70 余名教师分赴吉林、安徽、河南等地援建。其中教授 16 名，副教授 4 名，援建教师总人数占上财当时教师总数的 19%。接受上财援建教师最多的是安徽财贸学院和吉林财贸学院，分别为 20 人和 29 人。

第七章　江河汇海

十、文体活动

女生排球队训练（20世纪50年代初）

学生校内游泳（20世纪50年代初）

上海市高等学校篮球联赛男子亚军女子季军（1952年）

女生合唱团演唱《在村外的小河旁》（1956年）

上海财经学院运动大会优胜纪念章（20世纪50年代）

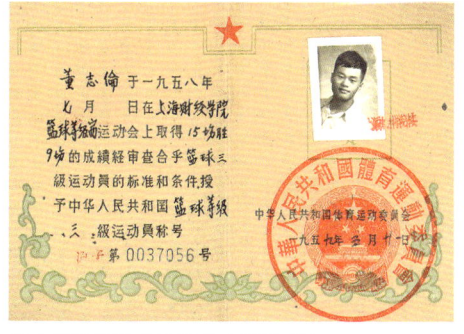

董志伦等级运动员证书（1958年）

十一、合并组建上海社会科学院

"上海社会科学院启事",《人民日报》1958年9月9日

  1958年9月，根据中共上海市委指示，上海财经学院与华东政法学院、复旦大学法律系、中国科学院上海经济研究所四个单位合并组建上海社会科学院，以集中力量、加强领导、专职从事社会科学理论研究。

第八章

曲折发展

——重建的上海财经学院

（1960—1972）

一、重建上海财经学院

1960年初，根据全国和上海经济发展的需要，中共上海市委研究决定：由市委财贸部牵头，市商业一局、商业二局、中国人民银行上海市分行、市财政局及上海市商业学校等单位，共同筹备重建上海财经学院。之后，在原上海市商业学校大专部的基础上，调回原来并入上海社科院的部分干部、教师，参与重建工作。1960年9月9日，上海财经学院举行开学典礼。

《关于上海财经学院建院规划的请示》
（1960年7月）

上海财经学院筹备重建工作由陆慕云领导，胡远声具体主持。1960年4月，筹备小组制定了《上海财经学院建院规划（草案）》，准备以上海商业学校大专部为基础重建上海财经学院，提出"市委指示成立财经学院，为整个财贸系统培养专业人材，因而，我们在原来基础上进一步提出财经学院建院意见"，"在上海商业学校大专部的基础上，发展扩充为上海财经学院"。

陆慕云（1915—1987）

江苏六合人。早年在安徽芜湖等地求学、当学徒、店员，并参加抗日活动。1941年加入中国共产党，历任苏中四分区税务局副局长、华东野战军第八兵团后勤部副部长、南京市工商局局长、上海市财经委员会副主任等职。1960年9月至1964年11月兼任上海财经学院党委书记、院长。

陆慕云

第八章　曲折发展

上海财经学院共和新路1482号校址（仅限于图中黑色屋顶建筑）

　　1960年，上海市财贸部、市商业一局将共和新路1482号校园划拨学院使用，直至1964年学院迁至中山北一路369号校址。

　　1964年初，为适应学院发展需要，根据市高教局、市水产局、市商业二局所属的三校（上海财经学院、上海市水产学校、上海市商业学校）校舍调整方案，三方互换校址，学院迁入原上海市商业局下属水产学校校址，即中山北一路369号。

《关于调整专业互换校址有关设备交接原则协议书》（1964年）

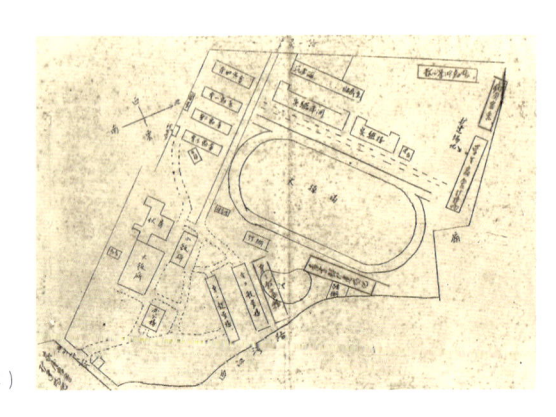

中山北一路369号校址平面图（1964年）

中山北一路369校园占地105.36亩，建筑面积16600余平方米，包括3幢教学楼、1座大礼堂兼食堂和1幢作为校部办公用的三层小楼（俗称"四角大楼"），此外还有400米田径场1个、篮球和排球场各2片、乒乓球房和体操棚各1间。

中山北一路369号校址校门、办公楼、教学楼

二、教学与科研

学院恢复初期的学系设置（1960年）

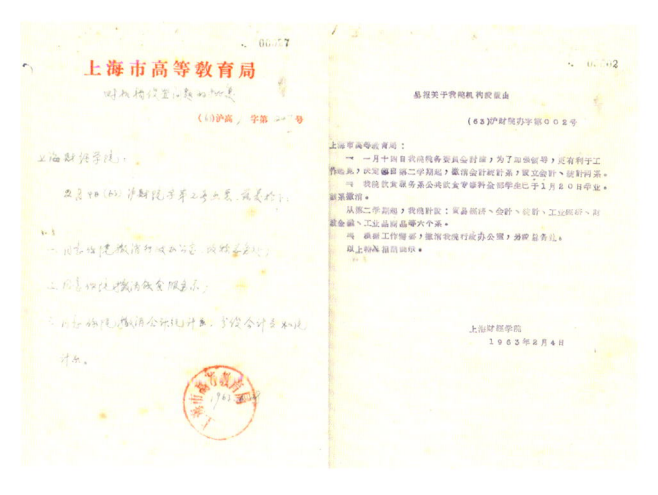

- 贸易经济系
- 工业经济系
- 财政金融系
- 生产资料商品系
- 日用工业品商品系
- 饮食服务系

上海财经学院关于机构设置的请示与批复（1963年2月）

　　1962年下半年，学院对系和专业进行了调整。在此基础上，1963年2月，学院再次就机构设置请示上海市高等教育局，上海市高教局批复学院："一、同意撤销行政办公室，改称总务处；二、同意撤销饮食服务系；三、同意撤销会计统计系，分设会计系和统计系。"同年7月4日，学院"因目前干部力量配备上尚有困难"，对于第三项"拟暂缓执行"。至此，从1963年至1972年学院被撤销，学院共有5系8个专业。

1963—1972年的学系设置

工业经济系	贸易经济系	财政金融系	会计统计系	工业品商品系
工业经济专业	贸易经济专业	财政金融专业	统计专业 会计专业	机械商品专业 电工商品专业 纺织品商品专业

1960年学院重建时调回原并入上海社科院的部分教师和干部180余人参与筹建，调回人员中有教授、副教授60人，包括著名教授龚清浩、杨荫溥、李鸿寿、彭信威、刘絜敖等。后又从上海财贸干校和商业二局抽调一批政治教师和专业技术人员。

上海社会科学院调来人员的情况汇报（1960年）

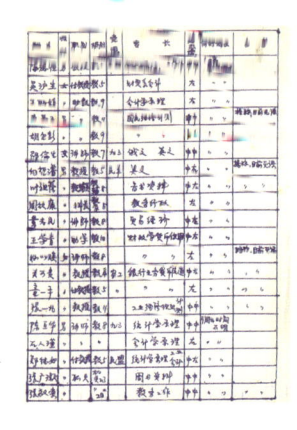

实验室一角

由于工业品商品系教学的特殊需要，学院建立起化学、物理、电工、机械、纺织品5个实验室，以及3个商品陈列室。1965年，实验室建筑面积共1670平方米，设备总金额约50余万元，相关教师46人，实验员16人。

第八章 曲折发展

刘絜敖（1908—1995）

四川大邑人。毕业于早稻田大学、柏林大学。曾任暨南大学、复旦大学商学院教授。1952年10月，随复旦大学财经学院并入上海财政经济学院，任财政信贷系教授。1956年定级为三级教授。1958年随上海财经学院并入上海社会科学院。1960年调回上海财经学院任财政金融系教授。1972年调入复旦大学经济研究所任教授。1978年调回上海财经学院任财政金融系教授。编写的《国外货币金融学说》，被称为"我国第一部系统论述西方货币金融学说的专著"。

刘絜敖

三易其名、三次出版的《中国货币史》

彭信威教授早年在国内外搜集了大量货币史资料，从1943年开始撰写《中国货币史》，数易其稿，融入了他大半生的心血。如果从他准备资料算起到著作第一次出版前后，整整花费了20年，到第二版出版则整整32年。

彭信威在撰写过程中既注重历史文献、也注重收集实物钱币，甚至不惜花费每月工资收入购入重要钱币。最初，他考虑把这本著作定名《中国货币经济史》。甚至在1949年底，他还称自己的《中国货币

《中国货币史》（1965年）

A MONETARY HISTIRY of CHINA（1994年）

经济史》一日不出版自己就一日不结婚。1952年，他考虑到自己"对货币信用史有十年以上的研究经验"，曾打算把书名改为《中国货币信用史》。直到1954年，这本著作以《中国货币史》为名由上海群联出版社出版，分上、下两卷，60万字，图片91幅。1958年上海人民出版社出版修订第二版。1965年11月，出版增订第三版，文字增至77万字，图片达到122幅。彭信威教授第一次从中国货币史的本源和历史继承角度论述了中国货币史，把货币史和钱币学结合起来，把钱币学作为货币史的一部分内容进行研究，为我国的钱币学研究做出了巨大贡献。

《中国货币史》是一本篇幅空前的巨著，也是研究中国货币发展史的巨著。1994年美国西华盛顿大学出版社出版资深汉学家卡普兰（Edward. H. Kaplan）的该书英译本 A Monetary History of China，在国际上产生了很大影响。

彭信威（1907—1967）

江西安福人，货币史学家、钱币学家。毕业于东京高等师范学校，曾赴伦敦政治经济学院进修。曾任复旦大学银行学系教授。1952年10月，随复旦大学经济学院并入上海财政经济学院，任财政信贷系教授。1956年定级为三级教授。1958年随上海财政经济学院并入上海社会科学院。1960年调回上海财经学院任财政金融系教授。著有《中国货币史》、《银行学》、Shanghai Money Market 等；译著有《各国预算制度》、《中欧各国农业状况》、《战后世界金融》等。

彭信威

第八章　曲折发展

为民族而审判——远东国际军事法庭中国首席检察官向哲浚

向哲浚在东京审判法庭上发言（1946年）

　　1945年，抗日战争胜利后，同盟国决定组建国际军事法庭审判日本军国主义罪行。1946年，国民政府任命向哲浚作为中国首席检察官参与审判。是年2月7日，向哲浚向国际检察局递交了中国认为的11名日本侵华战犯名单。

　　由于日本投降后有计划地销毁了大量侵略证据，向哲浚带去的除战犯名单外，没有更多的证据。为此，他带领工作人员前往中国过去的敌占区寻找人证和物证，还前往查阅被查封的日本陆军省档案库存，从字里行间发掘日本侵华罪行的证据，工作强度之大难以想像。经向哲浚据理力争，终将1928年"皇姑屯事件"发生日正式确定为中国对日本战犯起诉的起始日，将起诉起始日从抗日战争爆发的1937年提前了9年，比震惊中外的"九一八"事变也要提前3年。不仅驳斥了日本方面称"'九一八'事件只是误会"的论调，更有力的证实了从"九一八"事变后占领东北，到卢沟桥事变后大规模侵略中国，再到侵略南亚国家、珍珠港事变等，日本军国主义者侵略中国和整个太平洋地区是有预谋的。

这是东京审判的重大意义，也是向哲浚等人不懈努力的成果。同时，经过他的精心准备和不懈辩论，最终，板垣征四郎、土肥原贤二、松井石根等7名侵华主谋被法庭判处绞刑。

向哲浚退休前与上海财经学院同事合影（1965年）

向哲浚（1892—1987）

字明思，湖南宁乡人。毕业于耶鲁大学、华盛顿大学，获法学博士学位。回国后曾任司法部和外交部秘书、上海地方高等法院首席检察官等职。1946年作为中国首席检察官，带队出席东京审判，广泛收集各个战犯的罪证，出色完成使命。曾在大夏大学、东吴大学和复旦大学等校任教，1960年调入上海财经学院，任基础部外语教研组主任，直至1965年退休。

向哲浚

学院组织教师编写了全国统编教材（一套六本）和内部教材。

上海财经学院编写的全国统编教材、内部教材（部分）（20世纪60年代）

1962年第一学期全院正在从事和部分已完成的研究项目

教材、讲义	专题论文	论文集	专门著作	小册子	工具书	翻译	调查报告
22本	82篇	1本	2本	7本	1本	23篇	1篇

1962年第一学期，参加科研的老师有140余人，约占全院教师58%。研究团队设计了"上海市日用工业品购买券"方案，得到市委批准施行。马家骅、李振宇、王涵清3位教授受学院委派赴京参与研讨，参与编写了美国托拉斯的资料，供国务院参考。

1963年6月，学院召开了科学讨论会。本市和外地财经院校、业务部门200余人与会。讨论会分哲学、政治经济学等13个专业小组开展研讨，共提交教材2部、论文43篇。《解放日报》发布了相关报道。

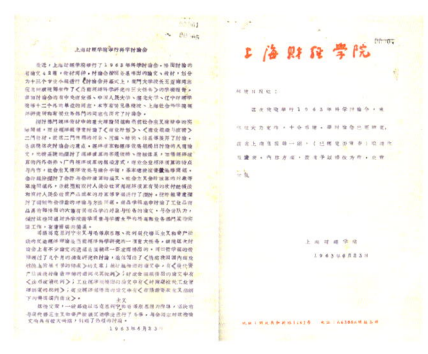

上海财经学院科学讨论会情况总结、关于科学讨论会报道致《解放日报》的函（1963年6月23日）

三、再次接收留学生

1961年，遵照教育部的安排，学院第二次接收了越南留学生共计16名到贸易经济系、财政金融系学习，学制四年。"为了做好接受留学生来院学习工作，我们已经组织一个工作组，对于有关留学生工作的方针、政策已向市高教局请示，并到兄弟院校吸取经验，以参照兄弟院校的情况，正在抓紧准备。"学院成立留学生工作组，指定专人兼管留学生工作，两系各指定一位教师负责留学生工作。1964年，学院又接收3名进修生，学制两年。

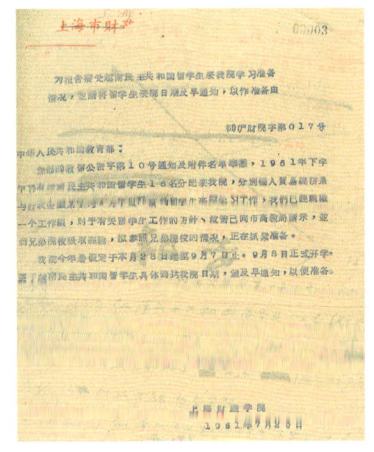

"为报告接受越南民主共和国留学生来我院学习准备情况，并请将留学生来院日期及早通知，以作准备由"（1961年7月25日）

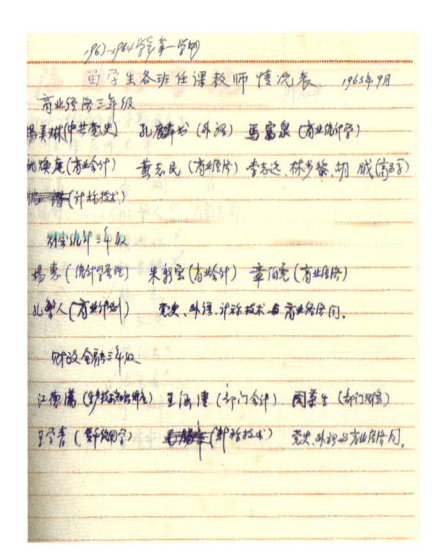

1963—1964学年第一学期留学生各班任课教师情况（1963年9月）

学院为留学生安排老师、制定教学计划，为他们补习中文，提高中文水平，再按照专业教学要求进行授课。通过在校学习，这批留学生在学习、生活、劳动各方面都适应良好。

越南留学生在共和新路校园内合影（1963年5月）

学校对越南留学生的评语（1964年6月）

1965年6月，16名越南留学生均获得良好的学习成绩，顺利毕业并按时回国。

上海财经学院全体越南留学生毕业合影（1965年7月）

四、学习生活

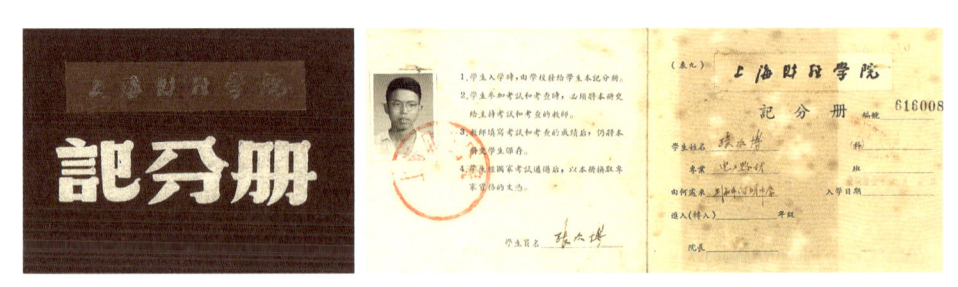

机械商品专业学生张次博的记分册（1965年）

从1961年至1972年，上海财经学院共毕业本科生2125人、专科生236人，共计2361人。

上海财经学院1965年全体毕业同学暨教工合影（1965年7月）

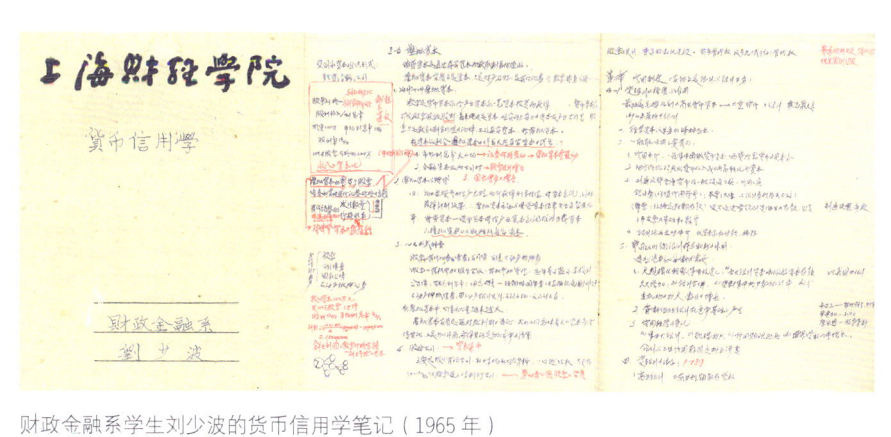

第八章 曲折发展

财政金融系学生刘少波的货币信用学笔记（1965年）

同学暨教工留影 1965年7月

启昌照相

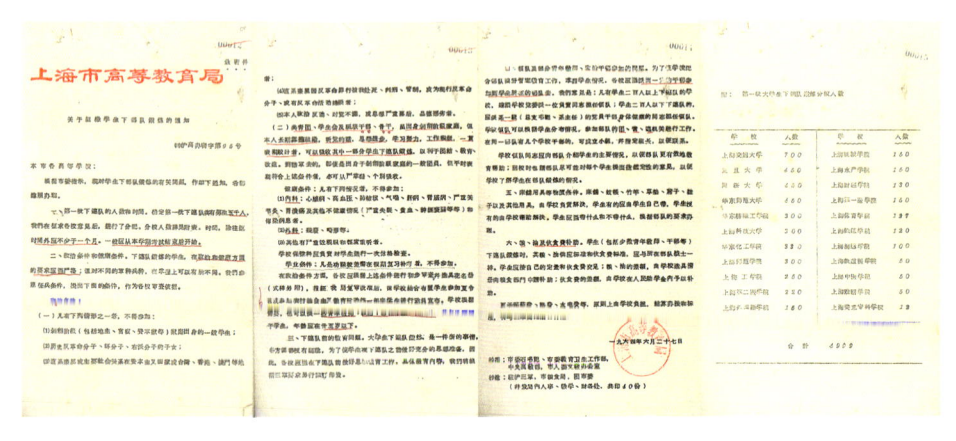

《上海市高等教育局关于组织学生下部队锻炼的通知》（1964年6月）

1964年6月，上海市高等教育局发布《关于组织学生下部队锻炼的通知》，要求各高校组织学生下部队锻炼，并强调了下部队前的教育问题及后勤保障等。按照人数分配要求，上海财经学院有130名同学参加了第一批下部队锻炼。

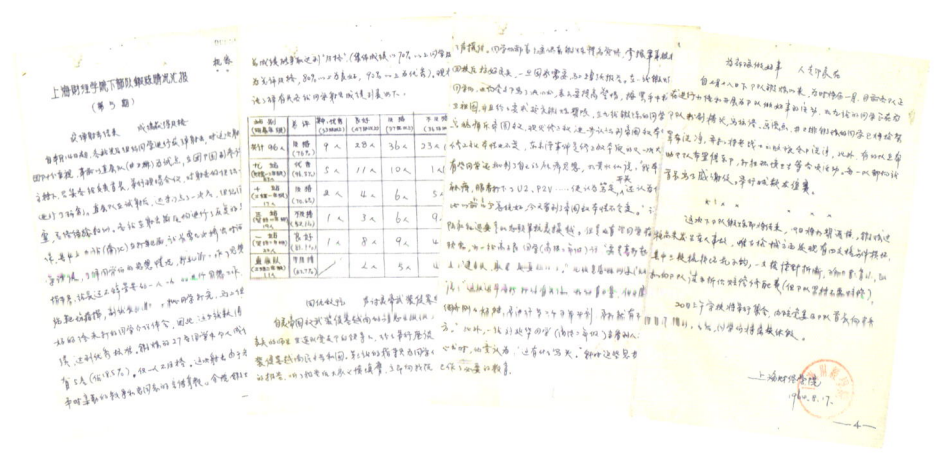

上海财经学院下部队锻炼情况汇报第5期（1964年8月）

第八章 曲折发展

上海财经学院1963—1964学年暑期下部队锻炼同志合影（1964年8月）

上海财经学院部分会计系教师在崇明参加"四清运动"（1964年）

　　1963年10月，教育部发布通知，要求高校文科专业师生参加农村社会主义教育运动（简称"四清运动"）。从1964年1月起，学院组织师生近千人次分批赴上海崇明县、奉贤县、金山县、南汇县、青浦县参加农村社会主义教育运动。

五、"文化大革命"时期的上海财经学院

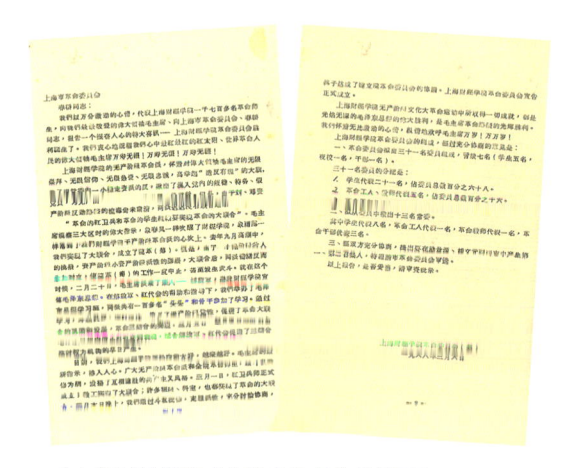

《上海财经学院成立革命委员会的请示》
（1968年3月）

会计统计系学生在校门前合影（1968年7月）

1966年5月，"文化大革命"开始，学院停止招生。

1968年2月，军训团进驻学院，3月成立学院革命委员会；8月工宣队进驻，军训团改称军宣队，改组院革委会，由工宣队负责人召集，军宣队负责人参加。此后，学院先后开展"清理阶级队伍"和"一打三反"运动，一批干部、教师和学生遭到批判和迫害。1970年，学院在奉贤县五四农场建立"五七"干校，安排干部、教师参加劳动，改造思想，接受"再教育"。"文化大革命"期间，教学和工作秩序遭到严重破坏。

第八章　曲折发展

会计专业学生高仪麟的毕业证书（1968年12月）

1971年4月，全国教育工作会议在北京召开，会议通过了《全国教育工作会议纪要》，确定了全国高等院校调整方案，原有的417所高校中，合并、撤销88所，全国18所财经院校保留2所，撤销12所，改中专4所，上海财经学院列在被撤销之内。1972年4月，根据上海市革委会关于高校调整的决定，上海财经学院被正式撤销建制，教职员工、校舍设备、图书资料被调配到复旦大学、华东化工学院、华东纺织学院等十余所高校。

关于高等院校调整、管理体制和专业设置的意见及说明（1971年4月）

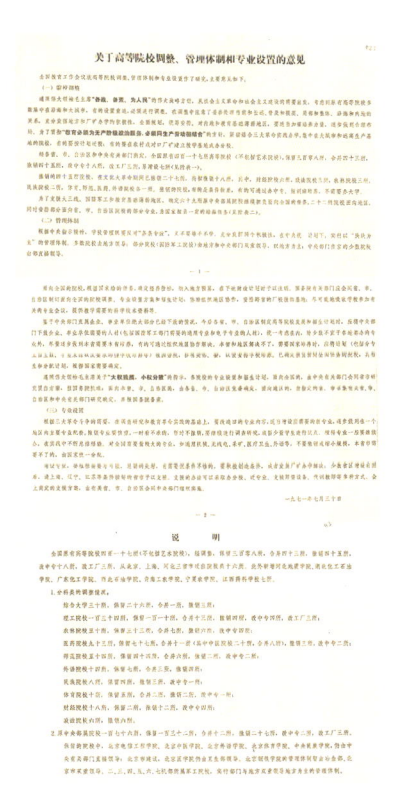

第九章

恢复提高
——复校初期的上海财经学院
（1978—1985）

一、恢复上海财经学院

1976年10月，"文化大革命"结束，被撤销的院校开始陆续恢复。1978年6月，上海市革委会财贸办公室向市委、市革委会提出《关于恢复上海财经学院的报告》，并建议先成立以姚耐为组长的筹备组。一个月后，在市革委会向国务院呈报恢复上海财经学院请示的同时，筹备组在原院址开始艰苦的复校筹建工作。1978年12月，教育部发文，上海财经学院恢复。

第九章 恢复提高

1978年6月,经上海市革委会财贸办建议,姚耐担任上海财经学院复校筹备组组长,全面主持复校工作。1979年1月,中共上海市委批复同意姚耐任党委书记、院长。

党委书记兼院长　姚耐

上海财经学院中山北一路369号校园全景

1978年7月,复校筹备组在原院址(中山北一路369号)开始复校筹备工作。

图说上财：1917—2017

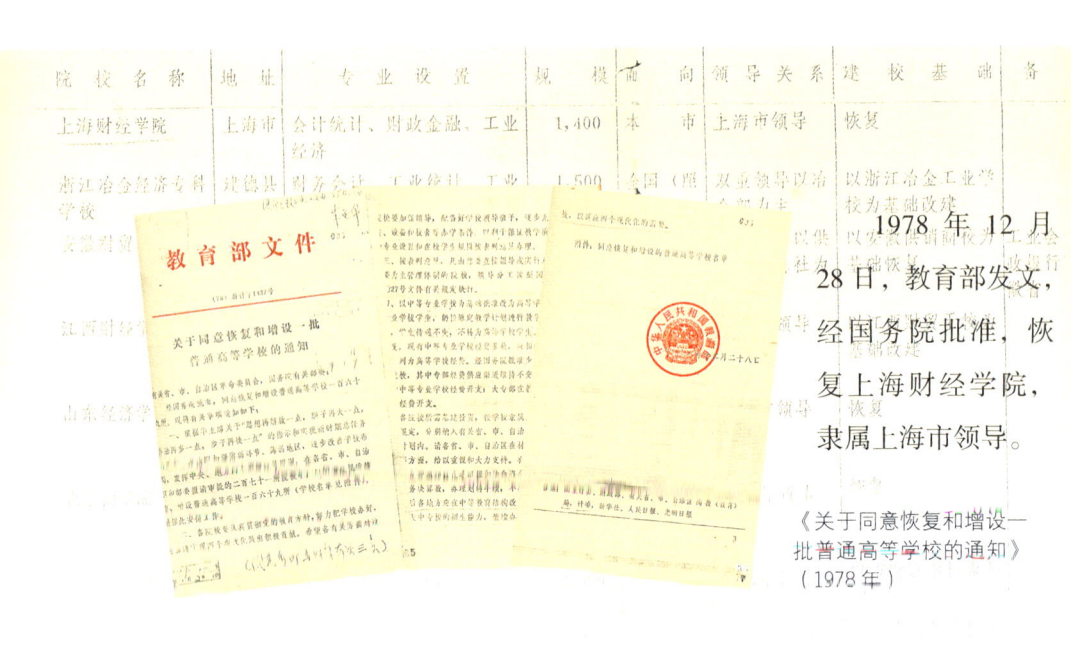

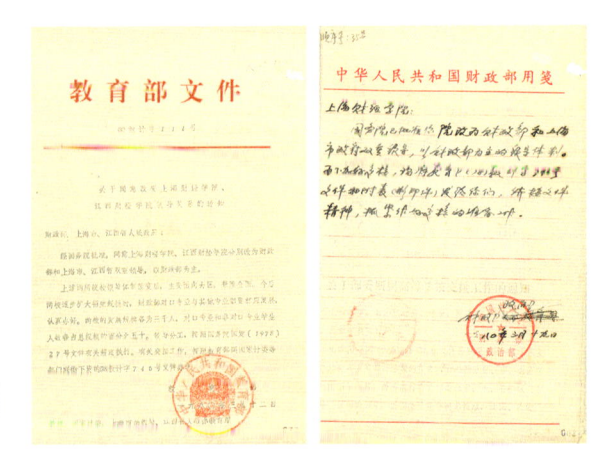

院校名称	地址	专业设置	规模	面向	领导关系	建校基础	备
上海财经学院	上海市	会计统计、财政金融、工业经济	1,400	本市	上海市领导	恢复	
浙江省冶金经济专科学校	建德县	冶金会计、工业统计、工业	1,500	全国	双重领导以治	以浙江冶金工业学校为基础改建	

1978年12月28日，教育部发文，经国务院批准，恢复上海财经学院，隶属上海市领导。

《关于同意恢复和增设一批普通高等学校的通知》（1978年）

《关于同意改变上海财经学院、江西财经学院领导关系的通知》（1980年3月）

"经国务院批准，同意上海财经学院、江西财经学院分别改为财政部和上海市、江西省双重领导，以财政部为主。上述两所院校领导体制改变以后，主要面向大区，兼顾全国。"1980年3月，上海财经学院改为由财政部和上海市双重领导，以财政部为主，成为财政部部属院校。

-188-

第九章 恢复提高

《上海财经学院院刊》创办于20世纪50年代初，1958年停刊。1983年5月，《上海财经学院院刊》恢复编印。

《上海财经学院院刊》（1983年恢复第1期）

复校初期5年多时间内，由姚耐任党委书记兼校长。1984年7月，姚耐等一批老领导退出领导岗位，党委工作由副书记叶麟根主持，张君一接替院长职务。

姚耐、李鸿寿等院领导与师生合影

二、恢复招生

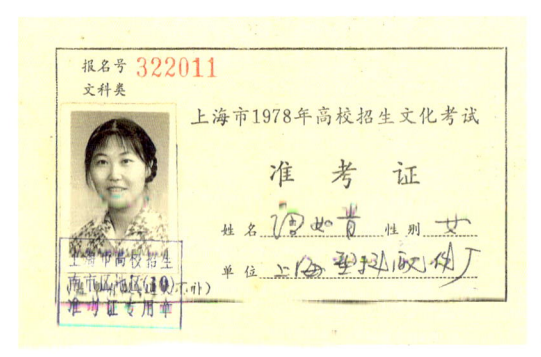

高考准考证（1978年）

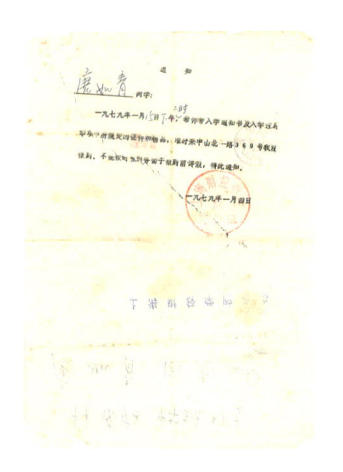

上海财经学院报到通知
（1979年1月4日）

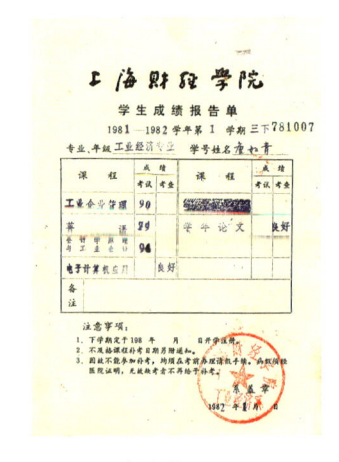

上海财经学院学生成绩报告单
（1982年1月）

1978年9月中旬，尚在复校筹备中的上海财经学院接到市教育卫生办公室通知，要求学院筹备组提前招生400~500名。1978年12月中旬，学院5系6个专业共录取新生460余名，1979年1月22日，举行了复校后首届开学典礼。

第九章　恢复提高

1979年7月，学院恢复夜校部并开始招生。1981年1月夜校部更名为夜大学。截至1983年设置有会计、金融等7个本、专科专业。

夜校部恢复后首次招生考试（1979年）

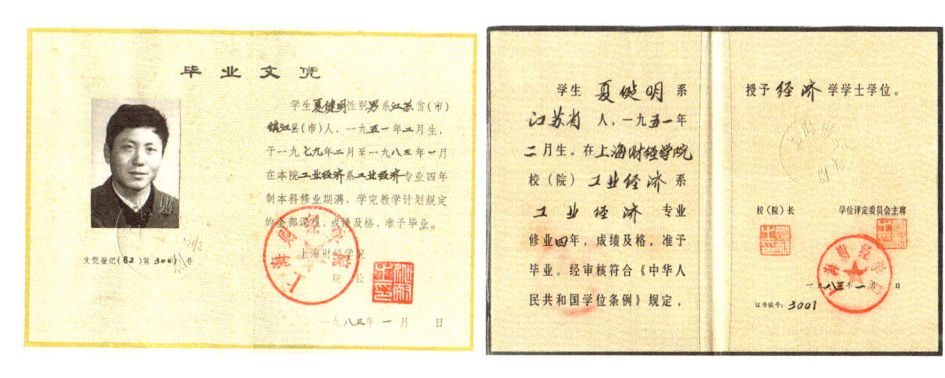

复校后首届学生毕业文凭、学士学位证书（1983年1月）

图说上财：1917—2017

上海财经学院一九七八级全体毕业生合影（1983年1月）

上海财经学院一九七九级全体毕业生合影（1983年7月）

第九章　恢复提高

三、复校后的办学

上海财经学院筹备组请调名单（部分）（1978年9月）

至1978年底，学院从同济大学、上海化工学院、上海外国语学院、华东师范大学、上海第一医学院、上海第二医学院等校调回、调入教职工260余人。同时，学校着力充实青年教师队伍，仅1983年一年就从学院第一、第二届毕业生中择优选拔136人留校任教。1980年和1982年获得正、副教授职称的教师共有56人。

第九章 恢复提高

至1985年,学院聘请了16名长期外教、2名短期外教。均具有3~5年以上的教学和科研经历。

外语培训部部分师生合影(1985年)

1978—1985年的学系与专业

1978年12月		1985年8月	
系	专业	系	专业
工业经济系	工业经济	工业经济系	工业经济
贸易经济系	贸易经济	贸易经济系	贸易经济
财政金融系	财政	财政金融系	财政学
	金融		金融学
			基建财务与信用(1979)
			保险学(1985)
会计学系	会计学	会计学系	会计学
			审计学(1985)
统计学系	统计学	统计学系	统计学
		经济学系(1980)	政治经济学(1980)
		世界经济系(1980)	国际金融(1980)
			国际贸易(1984)
		经济信息管理系(1982)	经济信息管理(1982)

复校后,学院对学系与专业进行了调整与增加,开展了一系列教学改革。1980年12月,在会计学系进行专业课程体系改革试点;1983年6月,从1983级开始,全校本科教学实行学年学分制,增设选修课,取消考察课;1985年,从1985级开始实行学分积点制。

四、全国首批硕士和博士学位授予单位

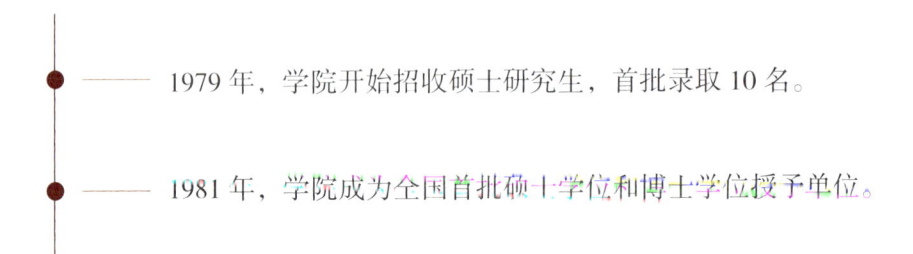

- 1979 年，学院开始招收硕士研究生，首批录取 10 名。

- 1981 年，学院成为全国首批硕士学位和博士学位授予单位。

硕士学位授权点

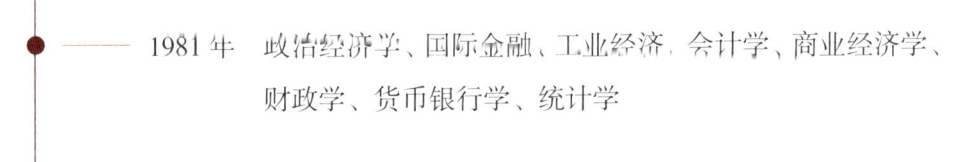

- 1981 年　政治经济学、国际金融、工业经济、会计学、商业经济学、财政学、货币银行学、统计学

- 1984 年　中国经济思想史、外国经济思想史、国际贸易

博士学位点设置

- 1981 年　会计学（导师 娄尔行教授）

- 1984 年　中国经济思想史（导师 胡寄窗教授）

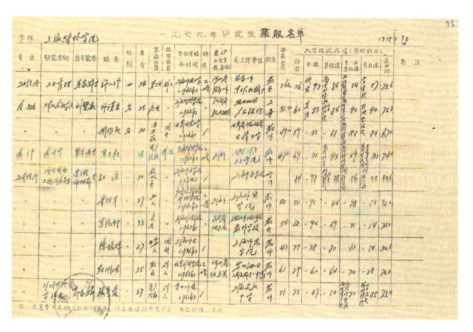

上海财经学院第一批硕士研究生录取名单(1979年)

统计学系研究生硕士论文答辩会(1984年12月)

娄尔行(1915—2000)

见本书103页。

娄尔行

胡寄窗(1903—1994)

四川天全人,经济思想史学家。毕业于北平大学、伦敦政治经济学院,获得经济科学硕士学位。曾任四川大学、之江大学、浙江财经学院等校教授。1952年起任上海财政经济学院教授、经济计划系主任。1958年随上海财经学院并入上海社会科学院。1979年调回上海财经学院任教授、博士生导师。编著有《中国经济思想史》、《中国经济思想史简编》等。

胡寄窗

图说上财：1917—2017

五、恢复科学研究

1979年11月，学院召开复校后第一次全院科学讨论会。

上海财经学院科学讨论会（1983年）

1980年初，停办20余年的《财经研究》（1956年创刊）复刊。

《财经研究》复刊第1期（1980年）

1979年，学院创办《外国经济参考资料》，1984年更名为《外国经济与管理》，1985年向国内外公开发行。

《外国经济与管理》第1期（1985年）

-198-

第九章 恢复提高

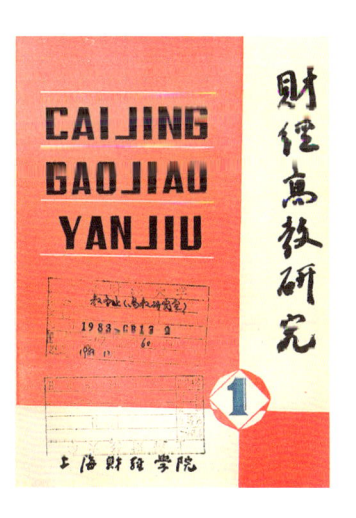

1983年12月，创办了以研究和探索高等教育教学改革及管理为宗旨的《财经高教研究》。

《财经高教研究》第1期（1983年）

1984年12月，成立财政经济研究所（后改名为财经研究所），旨在培养和造就一批财经类专职研究人员，以适应中国快速发展的改革开放形势的需要。

《中国经济思想史简编》
（1981年）

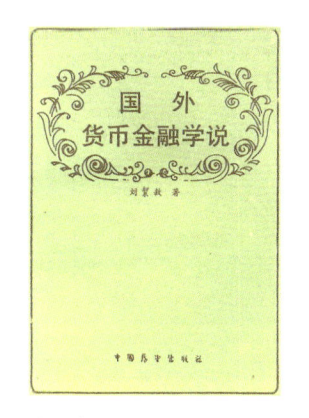

《国外货币金融学说》
（1983年）

《资本主义企业财务会计》
（1984年）

1985年2月，学院为贯彻《中共中央关于经济体制改革的决定》，联合上海市体制改革办公室、上海市经济研究中心、上海社会科学院等单位主办了"上海城市经济体制改革讨论会"，市长汪道涵及370位学者参加了会议。

时任上海市市长汪道涵（前排右一）出席在学院举办的"上海城市经济体制改革讨论会"（1985年2月）

中国第一本会计辞典

20世纪60年代，会计学系教师龚清浩、徐政旦、蒋凤五、蒋士麒等曾编写《简明会计辞典》，当时已完成初稿清样，不幸在十年动乱中散失。1980年初，以龚清浩为主编、徐政旦为副主编，重新组织力量编写《会计辞典》。此时，龚清浩已七十多岁，身体状况不太好，就在家里与各词条编写者讨论修改内容，他对词目的修改一丝不苟、字斟句酌。有些地方自己吃不准的就让词条编写者把情况介绍清楚，然后再动笔修改。经过一年多的辛勤编写，《会计辞典》于1981年9月完稿，1982年5月第一次印刷出版。这是中国会计学界的第一本会计辞典，深受会计学者和会计工作者的好评，第一次印数就达42万册。之后不断加印，不到三年时间，发行量超过百万。1984年该书获得上海市高等学校文科科研成果奖，1986年又获得上海市哲学社会科学优秀著作奖。

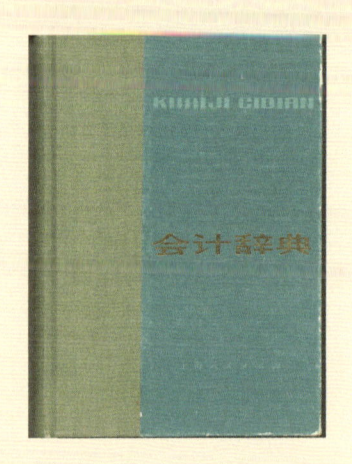

《会计辞典》（1982年）

第九章 恢复提高

六、引进来 走出去

时任财政部人事教育司副司长杨春一陪同世界银行经济发展学院勃雷斯和卡其尔先生来上海财经学院视察（1980年）

1981年4月，学院与世界银行经济发展学院合作成立了上海国际经济管理学院，开展项目管理与培训，成为世界银行经济发展学院在中国的主要合作培训机构，先后联合举办了高级、中级官员和专项项目讲习班。

世界银行经济发展学院与上海国际经济管理学院合办国民经济管理讲习班结业合影（1982年5月）

世界银行经济发展学院与上海国际经济管理学院合办城市项目管理班结业合影（1983年7月）

图说上财：1917—2017

世界银行经济发展学院与上海国际经济管理学院合办港口项目讲习班结业合影（1983年12月）

美国哈佛大学经济发展学院教授德怀特·帕金斯、巴布森商学院院长拉尔夫·索伦及夫人来校交流（1981年3月）

截至1985年底，学校接待国外重要经济专家讲学及来访30余次；聘请外国大学教授或高级经济专家3人为名誉教授。

1979年，学院首次选送教师王松年赴前南斯拉夫访学。1980年起学院开始派遣研究生出国学习。

上海财经学院申请派遣研究生出国学习的报告（1981年3月）

复校后校领导的第一次外事出访

姚耐院长领队组成访日财经教育考察团访问日本（1981年3月）

1981年3月，为了学习外国高等财经教育的先进经验，财政部决定组织所属的几所财经学院和部里的有关同志到外国进行考察。上海财经学院访日财经教育考察团就是根据财政部的决定，由中央财政金融学院、辽宁财经学院、江西财经学院和上海财经学院，以及人事教育司的代表共9人组成，姚耐任团长、郭森麒任副团长。在日本历时22天，先后到大阪、奈良、神户、京都、东京和横滨六个城市，访问考察了大阪市立大学、大阪府立大学、奈良县立短期大学、神户大学、关西大学、京都大学、一桥大学、早稻田大学、东京都立大学和庆应义塾大学十个大学的经济学部、商学部、经营学部和经济研究所，参观了大阪市副食品中央批发市场、梅田地下街商业网、大和银行、三井综合商社、东京证券交易所、夏普电子工厂、大发池田汽车厂、日产追滨汽车厂、日本发条公司和横滨钢板弹簧厂。

这次访问考察，是复校后第一次外事出访，增进了两国高等财经教育界的相互了解，特别是我们对于日本高等财经教育情况的了解，为我校和日本高校的未来交流与合作打下了良好基础。

七、建设国定路新校区

国定路校区教学楼奠基仪式（1983年8月）

1980年9月，经与市计委、教卫办、高教局、规划局等研究决定，学院在宝山县五角场公社国定大队所属范围内征地建设新校区，后陆续征地约260亩。1984年9月，第一批一年级本科生新生入住。1987年，学校主体从中山北一路校区迁至国定路校区。

建设中的国定路校区教学楼、宿舍楼

国定路校区全景（20世纪90年代初）

八、校园生活

1981年，学院举办了第一届运动会。

教工运动会（20世纪80年代）

学生运动会（20世纪80年代）

复校后，学院的党组织和工会、妇联、共青团、学生会等群众组织都陆续恢复和健全，开展了丰富多彩的活动。

1978级工业经济系部分同学社会调查

1978级会计学丙班评为先进团支部合影留念（1981年6月）

1978级学生交响乐团排练

学生歌剧团在上海歌剧院公演"爱是希望"（歌剧）后合影

第九章 恢复提高

学院组建的游泳队、射击队、乒乓球队、艺术体操队、武术队等取得了不俗成绩。

上海市大学生游泳比赛及获奖证书（1984年）

射击队（1983年）

学院学生参加大学生艺术体操比赛（1984年）

上海财

"双一流"

二〇一六

1985

# 第四篇
追求卓越　迈向一流
1985—2017

1985年，学校更名为上海财经大学。学校秉承"面向社会、求真务实、立德树人、经世济国"的办学理念，以"办特色、上水平"为主线，以"一流三化"为发展战略，锐意改革，转型发展，学校事业不断实现新的超越。

第十章

厚积薄发

一、更名为上海财经大学

1985年9月17日，财政部批准"上海财经学院"更名为"上海财经大学"。

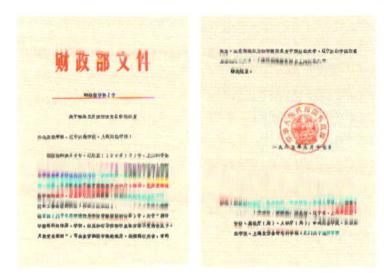

财政部《关于部属三所院校改变名称的批复》（1985年9月17日）

1985年11月22日，学校在中山北一路校区举行庆祝更名暨建校六十八周年大会。时任中共上海市市委书记芮杏文、时任财政部副部长陈如龙、时任上海市教卫党委书记陈铁迪等领导出席了大会。同日，学校在中山北一路校区举行新校牌揭牌仪式。时任中共上海市市委书记芮杏文（右图中）和时任财政部副部长陈如龙（右图左）为"上海财经大学"校牌揭幕。

学校举行庆祝更名暨建校六十八周年大会
（1985年11月22日）

新校牌揭牌仪式（1985年11月22日）

第十章　厚积薄发

【陈云同志题写校名】

1985年9月17日,财政部批准"上海财经学院"更名为"上海财经大学"。9月19日上午,学校党政联席会议讨论了改名为上海财经大学之后的具体筹备事宜,着重研究请哪一位中央领导同志为上海财经大学题写校名之事。经讨论,大家一致认为,如果能请到陈云同志为上海财经大学题写新校名,这是最适合、最恰当、最理想的了。因为陈云同志德高望重,不仅是党和国家的卓越领导人、党中央第一代和第二代两代领导集体的重要成员,而且长期以来领导党和国家的财经工作。会后为落实邀请陈云同志为学校题写新校名之事,叶孝理副校长专程去财政部向陈如龙副部长和人教司张玉泰处长作了汇报并听取意见。根据陈如龙副部长的意见,学校于9月24日给陈云同志写了信,信件主要内容如下:"长期以来,您一直是领导我国社会主义经济建设的老一辈无产阶级革命家,对我国财经教育事业的发展也十分关心。为了深刻铭记党和人民赋予我们的历史重任,我们全校师生员工今特致函恳切请求您为我校新校名'上海财经大学'亲笔题词,以进一步激发我们办好财经大学的自觉性和积极性,为适应祖国的四化建设需要培养经济管理人才而努力。"

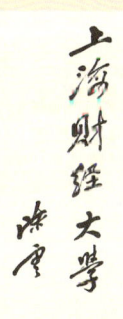

陈云题写的校名
(1985年10月)

10月上旬,财政部人教司给学校打来了电话,通知学校陈云同志已为学校题写好了校名,学校可派人去财政部办公厅领取陈云同志的题字。学校即派院长办公室的夏志勇科长去财政部,由人教司的同志陪同去部办公厅领回了陈云同志的墨宝——为我校题写的新校名。出乎意料的是,陈云同志写了两幅"上海财经大学"题字。他特意嘱咐,两幅中可自行选择一幅我们认为写得比较好的正式使用。从此,陈云同志题写的校名沿用至今。

上海财经大学教工、学生校徽

二、共建上海财经大学

1980年3月，根据教育部通知，学校实行财政部和上海市双重领导，以财政部为主，成为财政部部属高校。

1995年12月，财政部和上海市人民政府签署共建上海财经大学协议。

时任财政部部长刘仲藜在共建协议上签字

时任上海市副市长谢丽娟在共建协议上签字

第十章 厚积薄发

2000年2月，学校划转教育部管理，成为教育部直属高校。

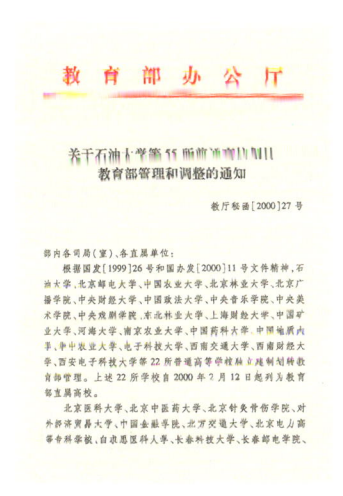

教育部办公厅关于学校划转教育部管理的通知（2000年3月2日）

教育部、财政部和上海市人民政府共建上海财经大学协议签字仪式（2012年5月14日）

2012年5月14日，教育部、财政部和上海市人民政府签署共建上海财经大学协议。

三、跻身"211工程"重点建设高校行列

1996年1月13—14日，受财政部委托，以北京大学校长吴树青为组长的专家组到学校进行"211工程"部门预审。14日，专家组宣布意见：同意通过部门预审。1997年5月16日，以西南财经大学名誉校长刘诗白为组长的专家组通过了对《上海财经大学"211工程"建设项目可行性研究报告》的论证和审核。

学校"211工程"部门预审会议
（1996年1月13日）

学校"十五""211工程"建设可行性研究报告论证会
（1997年5月16日）

四、先行先试"985工程优势学科创新平台"项目

经济学创新平台建设与共享方案评审会（2005年10月）

2004年，为加快实现"创建高水平的、具有鲜明财经特色的多科性研究型大学"的发展目标，学校提出了"经济学创新平台"建设项目。2005年，该项目被列入教育部、财政部和国务院学位办联合立项的国家重点教育改革专门项目。2005年10月，学校"经济学创新平台"纳入"985工程优势学科创新平台"项目。

五、首批入选"双一流"

学校"双一流"建设工作会议（2016年6月29日）

2016年6月29日，学校召开"双一流"建设工作会议。会议主题为"以创建世界一流学科为引领，加快推进国际知名具有鲜明财经特色高水平研究型大学建设"。2017年，学校入选国家首批"世界一流大学和一流学科"建设高校。

六、颁布《上海财经大学章程》

2014年5月13日，教育部下发《中华人民共和国教育部高等学校章程核准书（第13号）》（上海财经大学），《上海财经大学章程》正式颁布实施。

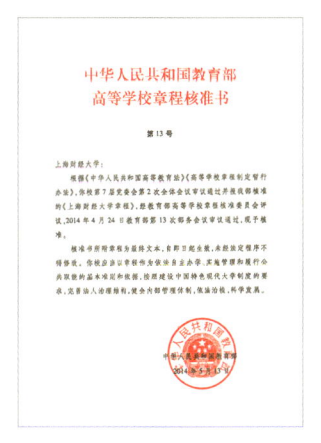

教育部高等学校章程核准书
（2014年5月13日）

上海财经大学章程
（2014年5月）

学校愿景

基于卓越的研究和教学，成为国际知名具有鲜明财经特色的高水平研究型大学

学校使命

立德树人、探索真理、匡时济民、传承文化

学校治理

实行党委领导下的校长负责制，处理党委与行政、学校与学院（系、部、所）、行政与学术三者关系

七、党的领导

校报关于第三次党代会的报道（1989年5月10日）

1989年4月11—12日，学校召开中国共产党上海财经大学第三次代表大会，党委书记叶麟根作题为《贯彻党的十三大精神，加强党的建设，推进我校改革和发展》的党委工作报告，校长仝炳华作题为《我校今明两年建设与改革任务》的行政工作报告。

1994年7—8月，学校召开中国共产党上海财经大学第四次代表大会，党委书记潘洪萱作题为《抓住机遇，深化改革，加快发展，为建设一流财经大学而努力奋斗》的党委工作报告。

第四次党代会（1994年7月7日）

第十章 厚积薄发

第五次党代会（2002年1月6日）

2002年1月6—7日，学校召开中国共产党上海财经大学第五次代表大会，党委书记谈敏作题为《开拓创新、转变作风、与时俱进，为建设具有一流水平的社会主义大学而奋斗》的党委工作报告。

2006年7月6—7日，学校召开中国共产党上海财经大学第六次代表大会，党委书记马钦荣作题为《全面贯彻落实科学发展观，为实现我校"十一五"发展规划目标而奋斗》的党委工作报告。

第六次党代会（2006年7月6日）

第七次党代会（2013年7月8日）

2013年7月8—9日，学校召开中国共产党上海财经大学第七次代表大会，党委书记丛树海作题为《凝心聚力、追求卓越，为建设具有鲜明财经特色的高水平研究型大学而努力奋斗》的党委工作报告。

图说上财：1917—2017

八、目标与定位

将学校办成一所以经济、管理学科为主，经（济）、管（理）、理（工）、法（政）结合的综合性大学

中国共产党上海财经大学委员会第三次代表大会

1988

1986

到九十年代中期，把学校办成一所以经济、管理科类为主，兼有理、工科类，多学科、综合性、有特色，教学、科研、管理水平在全国财经院校中居于领先地位的重点财经大学

《上海财经大学"七五"事业发展规划》

把学校建设成为一所以**理论经济学为基础，应用经济学为重点，经、法、文、理相结合，高层次、国际化为特色……协调发展的社会主义大学**

《上海财经大学"九五"事业规划》

1996

1994

把学校建成一所以经济管理为主，经济、管理、政法、语言、理工结合的多科性大学

中国共产党上海财经大学委员会第四次代表大会

第十章　厚积薄发

把学校建设成为**具有鲜明财经特色的多科性研究型大学**

《上海财经大学"十一五"发展规划（概要）》

到 2020 年，学校初步建成具有鲜明财经特色的高水平研究型大学

中国共产党上海财经大学委员会第七次代表大会

2006　　　2013

2001　　　2011　　　2017

建设成为一所以……学为基础，应用……和管理学科为重……管、法、文、理……办同发展……有**国际化、信息化**……的一流社会主……

……经大学"十五"发展……

发展目标：**具有鲜明财经特色的高水平研究型大学**

《上海财经大学"十二五"发展规划纲要》

以创建世界一流学科为引领，重点建设、整体提升，加快推进国际知名具有鲜明财经特色高水平研究型大学建设

《上海财经大学推进世界一流大学和一流学科建设方案》

-221-

九、共庆华诞

1987年9月25日，学校在中山北一路369号校区举行"上海财经大学建校70周年庆祝大会暨学术讨论会开幕式"。时任中共上海市委常委、上海市教卫党委书记陈铁迪，时任上海市副市长谢丽娟，时任上海市人大常委会副主任舒文，及财政部有关领导出席了大会。

建校70周年庆祝大会暨学术讨论会（1987年9月25日）

建校80周年庆祝大会（1997年9月20日）

1997年9月20日，学校在国定路777号校区举行"上海财经大学建校八十周年庆祝大会"。时任财政部党组成员、部长助理刘长琨，时任上海市委常委、宣传部部长金炳华，时任上海市人大常委会副主任陈铭珊，时任上海市副市长龚学平，时任上海市政协副主席刘恒椽，时任上海市教委主任郑令德等领导出席了大会。

第十章　厚积薄发

建校90周年庆祝大会（2007年11月10日）

2007年11月10日，学校在国定路777号校区举行"庆祝上海财经大学建校90周年大会"。时任中共上海市委副书记、上海市市长韩正，时任全国人大常委、中国作协党组书记金炳华，时任上海市人大常委会主任龚学平，时任上海市政协主席蒋以任，时任教育部副部长吴启迪，财政部副部长张少春，时任中共上海市委副书记殷一璀，时任上海市副市长杨定华等领导出席大会。

图说上财：1917—2017

十、校园布局

中山北一路校区

1987年8月,学校本部由中山北一路369号校区迁至国定路777号校区。2001年,新增武川路111号校区。2005年,新增武东路100号校区。至2016年底,学校共有土地747.68亩。其中,国定路777号校区253.43亩,武川路111号校区189.34亩,武东路100号校区196.4亩,中山北一路369号校区103.21亩,昆山路146号校区5.3亩。

国定路校区

-224-

第十章 厚积薄发

昆山路校区

武川路校区

武东路校区

第十一章

学科建设

学校坚持以经管学科为重点，经管法文理诸学科协调发展的建设思路，先后实施"造峰填谷"的"学科高原发展战略"（2003年）、"高原+高峰"的"双高学科战略"（2013年）、"学科竞争力提升计划"（2014年）和"一流学科建设方案"（2016年），有效引领和推动了国际知名有鲜明财经特色高水平研究型大学建设。

上海财经大学学科建设工作会议
2016年11月14日

第十一章 学科建设

一、学科专业布局

截至2017年6月，学校学科涉及哲学、经济学、法学、文学、历史学、理学、工学和管理学8个门类，拥有一级学科博士学位授权点7个、一级学科硕士学位授权点12个，硕士专业学位授权点12个，博士后科研流动站7个，开设本科专业38个。

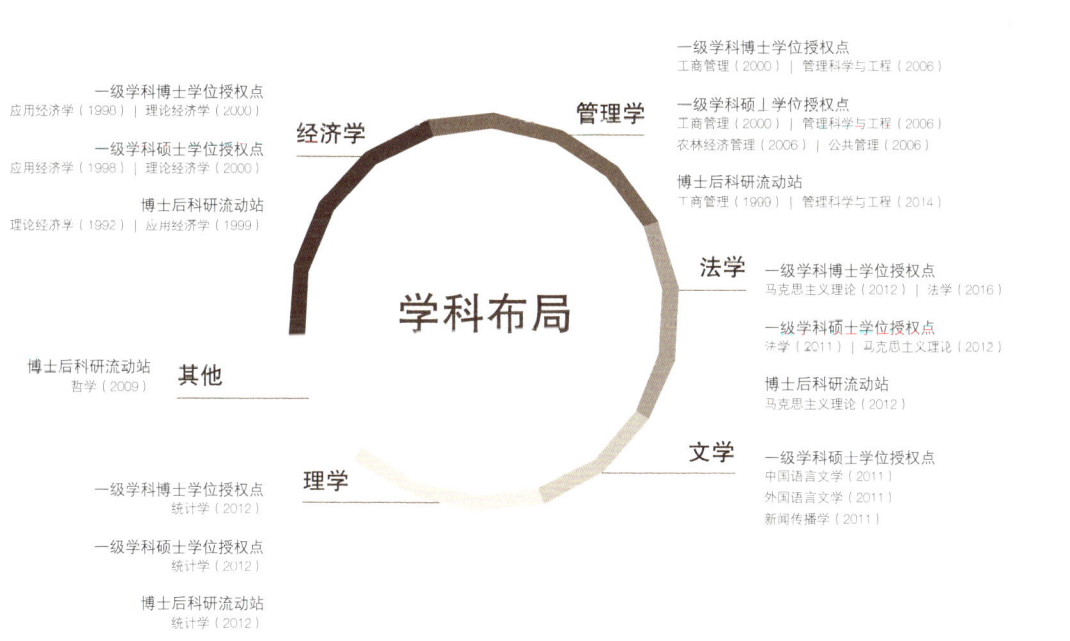

学科布局

经济学
- 一级学科博士学位授权点：应用经济学（1990）｜理论经济学（2000）
- 一级学科硕士学位授权点：应用经济学（1998）｜理论经济学（2000）
- 博士后科研流动站：理论经济学（1992）｜应用经济学（1999）

管理学
- 一级学科博士学位授权点：工商管理（2000）｜管理科学与工程（2006）
- 一级学科硕士学位授权点：工商管理（2000）｜管理科学与工程（2006）｜农林经济管理（2006）｜公共管理（2006）
- 博士后科研流动站：工商管理（1999）｜管理科学与工程（2014）

法学
- 一级学科博士学位授权点：马克思主义理论（2012）｜法学（2016）
- 一级学科硕士学位授权点：法学（2011）｜马克思主义理论（2012）
- 博士后科研流动站：马克思主义理论（2012）

文学
- 一级学科硕士学位授权点：中国语言文学（2011）｜外国语言文学（2011）｜新闻传播学（2011）

理学
- 一级学科博士学位授权点：统计学（2012）
- 一级学科硕士学位授权点：统计学（2012）
- 博士后科研流动站：统计学（2012）

其他
- 博士后科研流动站：哲学（2009）

二、学科发展回顾与学科中的"第一"

- 一级学科博士学位授权点
- 一级学科硕士学位授权点
- 二级学科博士学位授权点
- 二级学科硕士学位授权点
- 硕士专业学位授权点

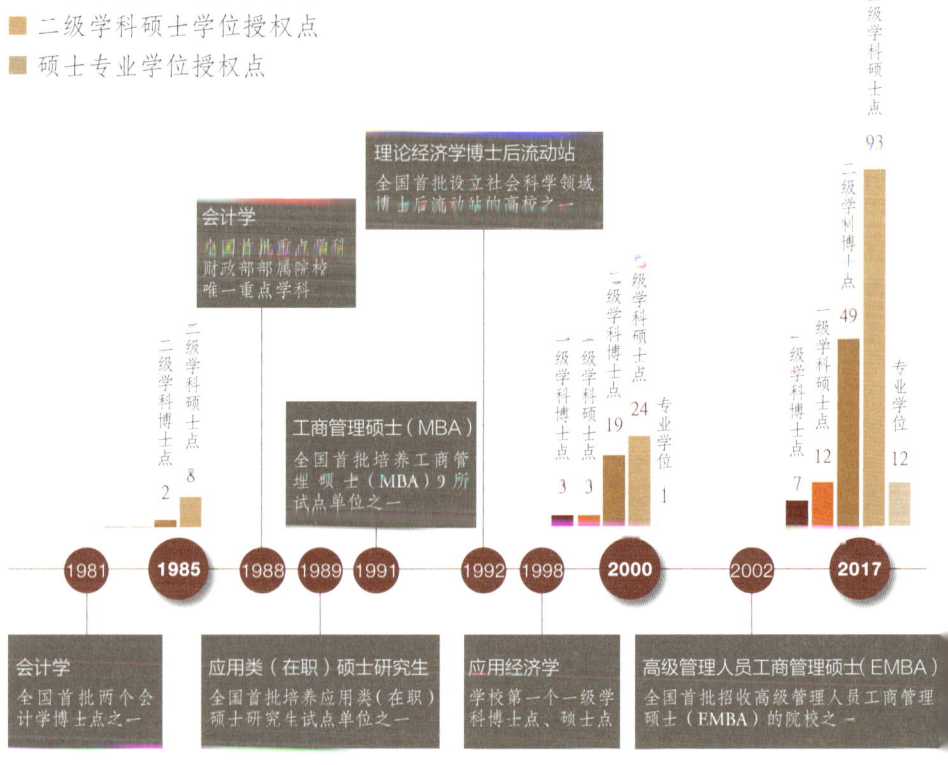

理论经济学博士后流动站
全国首批设立社会科学领域博士后流动站的高校之一

会计学
全国首批重点学科
财政部部属院校唯一重点学科

工商管理硕士（MBA）
全国首批培养工商管理硕士（MBA）9所试点单位之一

二级学科硕士点 93
二级学科博士点 49
一级学科硕士点 12
专业学位 12
一级学科博士点 7

二级学科硕士点 24
二级学科博士点 19
一级学科硕士点 3
一级学科博士点 3
专业学位 1

二级学科硕士点 8
二级学科博士点 2

1981 — 1985 — 1988 — 1989 — 1991 — 1992 — 1998 — 2000 — 2002 — 2017

会计学
全国首批两个会计博士点之一

应用类（在职）硕士研究生
全国首批培养应用类（在职）硕士研究生试点单位之一

应用经济学
学校第一个一级学科博士点、硕士点

高级管理人员工商管理硕士（EMBA）
全国首批招收高级管理人员工商管理硕士（EMBA）的院校之一

　　1981年11月，学校成为全国首批硕士学位和博士学位授予单位。1985年更名为上海财经大学时，学校拥有二级学科博士学位授权点2个，二级学科硕士学位授权点8个。经过30多年的发展，目前已拥有一级学科博士学位授权点7个，一级学科硕士学位授权点12个，二级学科博士学位授权点49个，二级学科硕士学位授权点93个，硕士专业学位授权点12个。

上财培养的第一位博士

1981年11月，经国务院学位委员会批准，学校会计学专业获得博士学位授予权，成为全国首批两个会计学博士点之一。1983年，学校首次招收博士研究生，汤云为成为学校历史上的第一位博士生。1987年11月14日，学校研究生处与会计学系联合举行会计学专业博士研究生学位论文答辩会。这是我校建校以来首次博士论文答辩，博士生答辩委员会由国务院学部委员、中国会计学会副会长、厦门大学葛家澍教授，中国会计学会常务副会长、中国审计学会副会长、原财政部会计事务管理司司长杨纪琬教授，中南财经大学会计系杨时展教授，天津财经学院会计学系李宝震教授，厦门大学经济学院余绪缨教授，以及我校会计学系名誉主任娄尔行教授和潘兆申教授组成。经过一天的答辩和评论，专家们一致认为《论重置成本会计》一文具有独到见解，针对我国目前会计制度上的不一致性，大胆提出新观点，具有一定的现实意义。

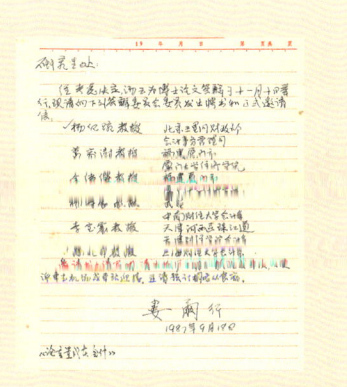

娄尔行为汤云为博士论文答辩拟邀请专家手书（1987年9月18日）

汤云为博士论文答辩会（1987年11月14日）

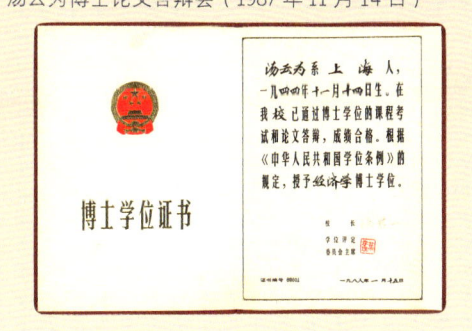

汤云为博士学位证书（1988年1月15日）

1988年，国家教委从全国拥有博士学位授予权的一千多个学科点中，遴选确定了416个国家重点学科，我校会计学入选，成为全国首批重点学科，也是当时财政部部属院校唯一的全国重点学科。

三、重点学科与特色专业

4个 国家级重点学科（二级学科）

会计学（1988、2002、2007）
经济思想史（2002、2007）
财政学（2002、2007）
金融学（培育，2007）

1个 985工程优势学科创新平台

经济学创新平台（2008）

1个 高等学校学科创新引智计划（"111计划"）

经济学前沿理论与方法学科创新引智基地（2017）

4个 财政部重点学科（二级学科）

会计学（1997）
财政学（1997）
统计学（1997）
产业经济学（1997）

6个 国家级特色专业

财政学（2007）
金融学（2007）
会计学（2007）
国际经济与贸易（2008）
统计学（2009）
工商管理（2010）

6个 上海市重点学科（二级学科）

会计学（2001、2007）
金融学（2001、2007）
产业经济学（2001、2007）
区域经济学（2007）
统计学（2007）
西方经济学（2007）

2个 上海市一流学科 A类

理论经济学（2012）
统计学（2013）

4个 上海市一流学科 B类

应用经济学（2012）
法学（2012）
管理科学与工程（2012）
工商管理（2012）

1个 上海高校高峰学科 Ⅱ类

理论经济学（2015）

1个 国家级综合改革试点专业

法学（2012）

-230-

第十一章 学科建设

学校第一届学科建设委员会第一次会议（2014年10月29日）

上海市高峰学科实施方案论证会（2015理论经济学）（2015年3月13日）

四、排名与评估

教育部一级学科排名（2010—2012）

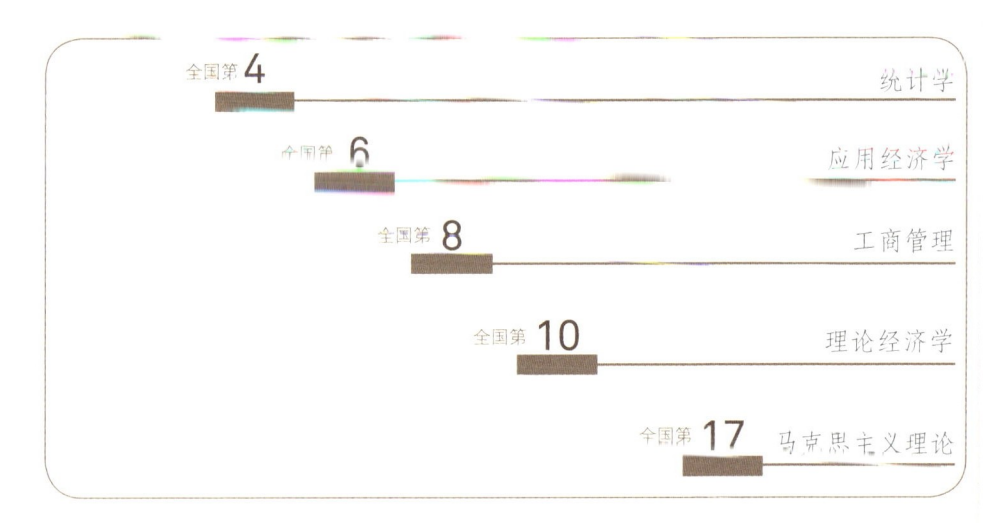

排名	学科
全国第 4	统计学
全国第 6	应用经济学
全国第 8	工商管理
全国第 10	理论经济学
全国第 17	马克思主义理论

在第三轮教育部一级学科排名（2010—2012）中，学校有4个学科进入全国前十名，5个学科进入全国前5%。

国际排名

软科 世界一流学科排名	统计学 软科（原 ARWU） 世界一流学科排名（2017）	全球 51–75 中国第 2
ACADEMIC RANKING OF WORLD UNIVERSITIES	金融学 软科（原 ARWU） 世界一流学科排名（2017）	全球 76–100 中国第 1
	经济学 软科（原 ARWU） 世界一流学科排名（2017）	全球 101–150 中国并列第 2
QS WORLD UNIVERSITY RANKINGS	会计与金融 经济与计量 QS 世界大学学科排名（2017）	全球 151–200 中国并列第 6
U.S.News & WORLD REPORT	经济学与商学 U.S.News 全球最好大学学科排名（2017）	全球第 192 中国第 7
TILBURG UNIVERSITY	经济学 荷兰蒂尔堡大学（Tilburg） 全球经济学研究机构科研排名 （2012—2016）	全球第 56 中国第 1
UT DALLAS	商学 美国得克萨斯大学达拉斯分校（UTD）全球商学院科研能力排名（2012—2016）	全球第 128 中国第 5
ASU ARIZONA STATE UNIVERSITY	金融学 美国亚利桑那州立大学（ASU） 金融学排名（2011—2015）	全球并列第 113 中国并列第 3

图中中国统计数据未包含港澳台地区

五、教学单位

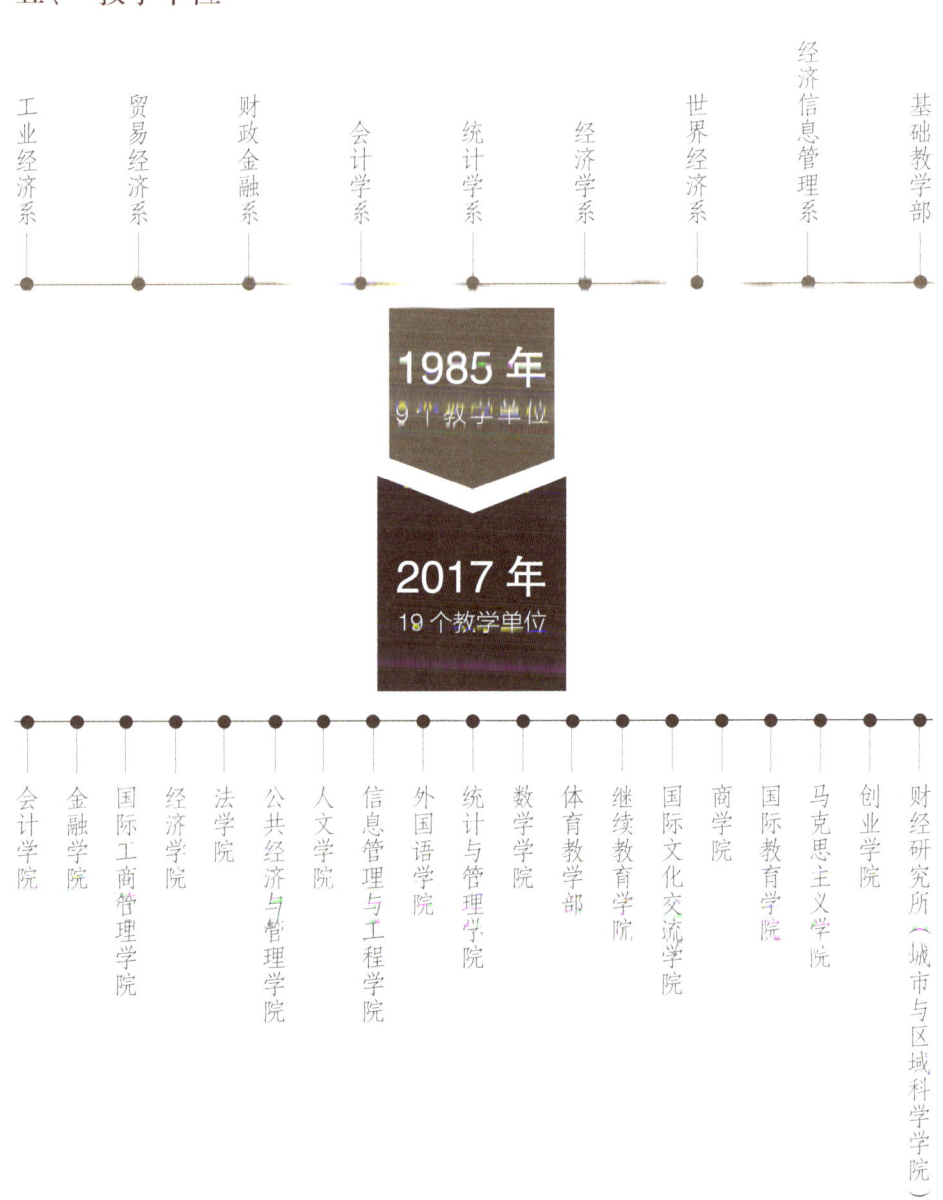

1985年 9个教学单位

工业经济系　贸易经济系　财政金融系　会计学系　统计学系　经济学系　世界经济系　经济信息管理系　基础教学部

2017年 19个教学单位

会计学院　金融学院　国际工商管理学院　经济学院　法学院　公共经济与管理学院　人文学院　信息管理与工程学院　外国语学院　统计与管理学院　数学学院　体育教学部　继续教育学院　国际文化交流学院　商学院　国际教育学院　马克思主义学院　创业学院　财经研究所（城市与区域科学学院）

第十一章 学科建设

-学院

金融学院

工商管理学院

院

经济学院

经济与管理学院

人文学院

信息管理与工程学院

外国语学院

统计与管理学院

数学学院

体育教学部

继续教育学院

第十一章 学科建设

文化交流学院

商学院

教育学院

马克思主义学院

学院

财经研究所（城市与区域科学学院）

-237-

第十二章

人才培养

学校以立德树人为根本任务,以培养具有全球视野和民族精神、富有创造力、决断力及组织力的卓越财经人才为目标,以"复合型、外向型、创新型"为培养规格,系统构建财经特色的高层次创新人才培养模式,打造多层级全方位的综合能力拓展体系,促进学生"素质、知识、能力、体格"全面发展。

一、培养目标与规格

培养目标

培养具有全球视野和民族精神，富有创造力、决断力及组织力的卓越财经人才

培养规格

复合型 外向型 创新型 2006.3

应用型 复合型 外向型 1989.4

1989年4月，学校在第三次党代会报告中提出了"应用型、复合型、外向型"的人才培养规格。随着人才培养工作的不断发展，2006年3月，学校在原三型人才培养规格基础上进行调整，以创新型替代了应用型，确立了"复合型、外向型、创新型"的人才培养规格[《上海财经大学"十五"发展规划（概要）》]。在2014年颁布的《上海财经大学章程》中，学校确定了卓越财经人才的培养目标。

"3×3"卓越财经人才培养模式

2013年，学校制定了"3×3"卓越财经人才培养模式，通过模块化课程体系、多元化培养路径、个性化学习体验，全方位提升本科生培养质量。

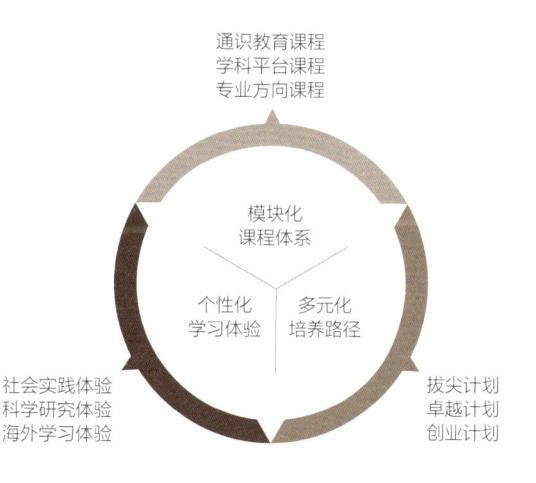

通识教育课程
学科平台课程
专业方向课程

模块化课程体系

个性化学习体验　　多元化培养路径

社会实践体验　　　　　　拔尖计划
科学研究体验　　　　　　卓越计划
海外学习体验　　　　　　创业计划

二、学生规模与结构

在校生规模

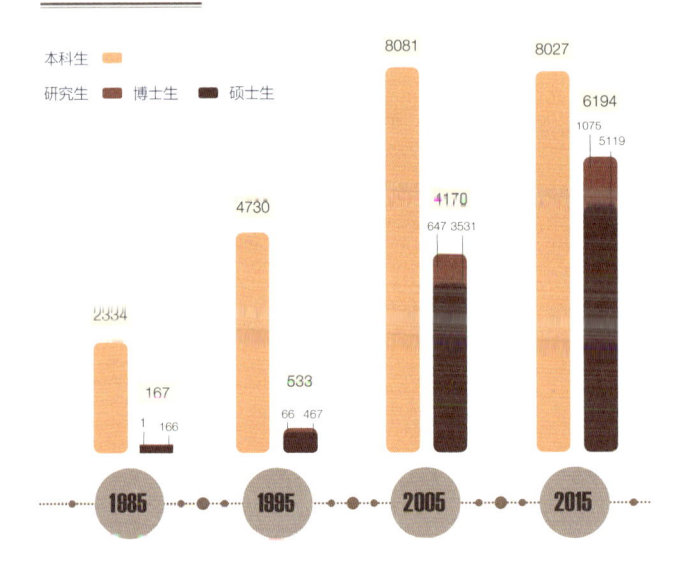

本科生
研究生　博士生　硕士生

1885: 2334, 1, 166, 167
1995: 4730, 66, 467, 533
2005: 8081, 647, 3531, 4170
2015: 8027, 1075, 5119, 6194

1985年末，学校在校生人数共计2501人。经过30年的发展，至2015年末在校生人数达14221人，为1985年末的5.7倍，其中本科生为3.4倍，研究生为37倍。

历年本研比

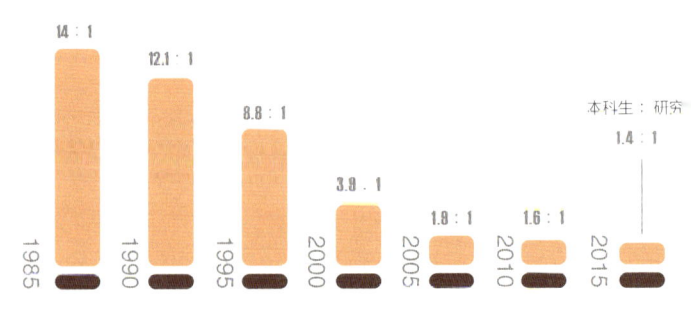

本科生：研究生

1985: 14∶1
1990: 12.1∶1
1995: 8.8∶1
2000: 3.9∶1
2005: 1.8∶1
2010: 1.6∶1
2015: 1.4∶1

1985年末，在校生本研比为14∶1。之后本研比持续下降，至2015年末为1.4∶1。

第十二章 人才培养

研究生学术学位、专业学位比（2016）

1991年，学校设立了第一个硕士专业学位即工商管理硕士学位（MBA）授权点。至2016年，学校共有硕士专业学位授权点12个，在校研究生中学术学位与专业学位比为3.2∶6.8。

1 学术学位
2 专业学位

在校留学生（2016）

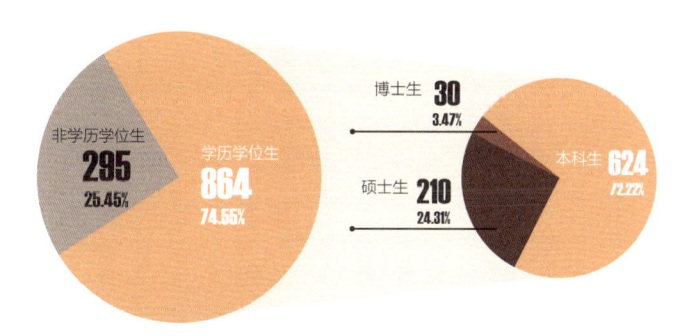

非学历学位生 295 25.45%
学历学位生 864 74.55%

博士生 30 3.47%
硕士生 210 24.31%
本科生 624 72.22%

学校授予日本留学生三好慎一郎经济学博士学位证书（1993年11月16日）

1990年，日本学生三好慎一郎被录取为我校西方财政学席克正教授的博士研究生。他是我校建校以来首次招收攻读博士学位的外国留学生。至2016年，在校留学生1159人，来自103个国家和地区。

图说上财：1917—2017

三、培养基地与实验区

培养基地

国家经济学基础人才培养基地（1998年10月）

国家经济学基础人才培养基地建设工作研讨会
（1998年11月21日）

国家大学生文化素质教育基地揭牌仪式合影
（2007年4月30日）

国家大学生文化素质教育基地（2007年4月）

-242-

第十二章 人才培养

国际商务汉语教学与资源开发基地（上海）
（2010年2月）

"国际商务汉语教学与资源开发基地（上海）"
向国家汉办专家组汇报工作（2010年12月22日）

教育部、中央政法委关于学校入选首批
"卓越法律人才教育培养基地"的通知
（2012年11月23日）

教育部首批卓越法律人才教育培养基地
（2012年11月）

实验区

创新与创业人才培养实验区	财经人才创业教育创新实验区
（2007）	（2008）

四、教学评估与质量认证

本科教学评估

2000年5月15-19日，以吴树青为组长的教育部专家组对学校进行本科教学工作优秀评价实地考察。5月19日，在本科教学工作优秀评价意见反馈会上，吴树青宣读了"关于上海财经大学本科教学工作优秀评价的意见"。学校通过本科教学工作优秀评价。

本科教学工作优秀评价专家全面意见反馈会（2000年5月19日）

2007年5月13-18日，以南开大学副校长逄锦聚为组长的教育部评估专家组对学校本科教学工作水平进行实地考察和评估。5月18日，举行了"上海财经大学本科教学工作水平评估专家意见反馈会"。2008年4月，教育部公布学校本科教学工作水平评估结论为优秀。

教育部评估专家组与校领导合影（2007年5月14日）

国际、国内认证

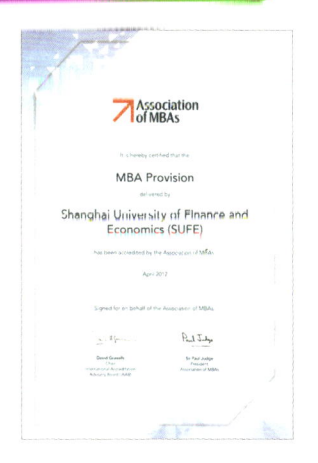

2012年4月，商学院通过 AMBA 认证。

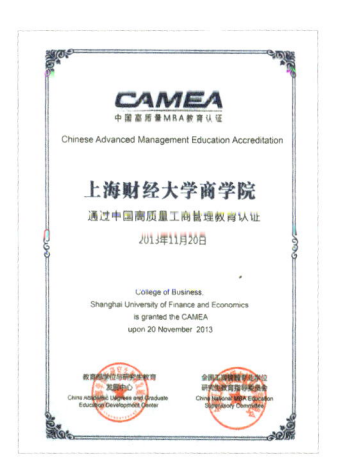

2013年11月，商学院通过中国高质量工商管理教育认证。

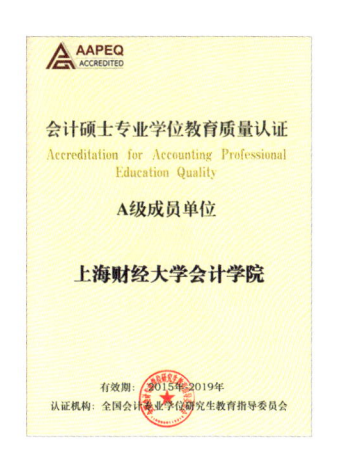

2015年4月，会计学院通过 PEQ（A级成员单位）认证。

2017年7月，商学院通过 AACSB 认证。

五、教学水平

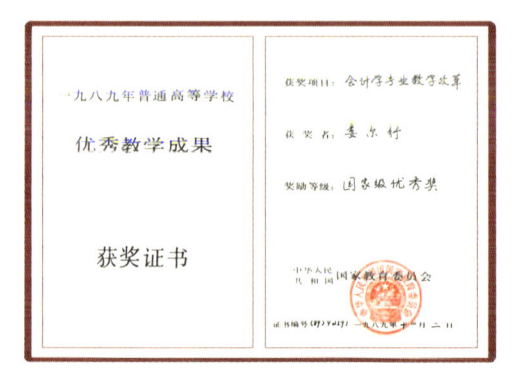

12项	国家级优秀教学成果（1989-2014，7届）	**14本**	国家级优秀教材（1988-2002）
7门	国家级精品课程	**2项**	研究生教育成果奖
6门	国家级精品资源共享课	**11项**	全国百篇优博（提名）
7门	国家级精品视频公开课	**2项**	MPAcc优秀教学案例
6门	国家双语示范课程		

1989—2014年，在7届国家级优秀教学成果奖评选中，学校共获得国家级优秀教学成果12项。

娄尔行教授主持的《会计学专业教学改革》项目获"国家级优秀教学成果奖"（1989年11月2日）

第十二章 人才培养

1987年12月，国家教育委员会主办了首次全国高等学校优秀教材评审，共评出全国高等学校优秀教材特等奖22个，优秀教材奖239个。学校获特等奖1项，优秀奖2项。

胡寄窗教授编写的《中国经济思想史简编》获"全国高等学校优秀教材特等奖"（1988年1月27日）

1988—2002年期间，学校共有14本教材入选国家级优秀教材。

国家级优秀教材

六、千村调查

2008年起，学校启动"千村调查"项目。通过"走千村，访万户，读中国"，形成了融国情教育、科研训练、创新实践三位一体的人才培养新模式。

年度主题与首席专家

年度	主题	首席专家
2008	中国农民发展状况调研	余红副教授
2009	中国农村医疗卫生保障研究	俞卫教授
2010	中国农民收入状况研究	吴方卫教授
2011	中国粮食安全问题调查	刘小川教授
2012	中国农村文化调查研究	朱为群教授
2013	中国农村劳动力城乡转移状况调查	田国强教授
2014	中国农村养老问题现状调查	张雄教授
2015	中国农村基础金融服务调查	刘莉亚教授
2016	中国农村创业现状调查	魏航教授
2017	中国农村互联网应用状况调查	岳劲峰教授

《中国教育报》头版关于学校千村调查的报道（2009年1月6日）

第十二章 人才培养

2008—2016年调研样本及问卷情况

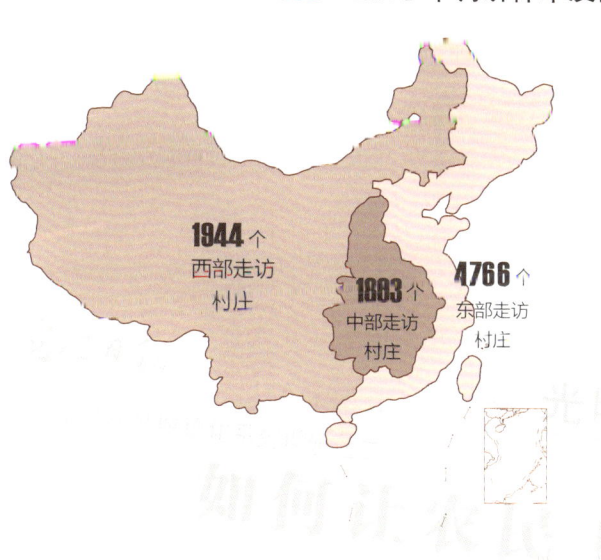

1944个 西部走访村庄
1883个 中部走访村庄
4766个 东部走访村庄

8573个 走访村庄
112119户 走访农户
128153份 回收有效问卷（75%）
16051人 参与学生

领导批示

2009.2	时任国务委员刘延东批示
2009.2	时任教育部副部长李卫红批示
2010.10	时任国务委员刘延东再次批示
2012.2	时任国务院副总理回良玉批示
2014.11	上海市副市长翁铁慧批示
2016.5	国务院副总理汪洋批示
2016.5	时任教育部部长袁贵仁批示

七、创新创业教育

2016年，学校入选"全国创新创业典型经验高校"。

创业学院

2015年7月15日，创业学院成立，旨在培养学生的创新思维和创业实践能力，为国家创新驱动战略提供智力支持和人才保障。

创业学院揭牌仪式（2015年7月15日）

第十二章 人才培养

匡时班

2015年7月13日，匡时班开班，旨在培养具有国际视野和财经特色、具有互联网创新创业精神，掌握商业知识和创业技能的"服务+"创业型人才。

匡时一期　学员数 47　项目培育数 37

匡时二期　学员数 52　项目培育数 40

创客空间

2015年12月15日，创客空间迎来第一批入驻创客，旨在为优秀创业团队提供创业初期的办公场所、创业指导咨询等服务。

创客空间

入驻创客代表

八、优秀学位论文

3 篇	全国优秀博士学位论文
3 篇	全国优秀博士学位论文提名
56 篇	上海市研究生优秀成果（学位论文）

| 2 篇 | 全国会计硕士专业学位（MPAcc）优秀学位论文 |
| 1 篇 | 全国优秀公共管理硕士（MPA）学位论文 |

《会计盈利与股价行为对深沪股市的实证研究》（赵宇龙，2000届，指导老师张为国）从"2003年全国优秀博士学位论文"

《国家控股、超额雇员与公司价值——一项基于中国证券市场的实证研究》（曾庆生，2005届，指导老师陈信元）获"2007年全国优秀博士学位论文"

《国际外包承接与中国产业结构升级和转型》（郑若谷，2011届，指导老师干春晖）获"2013年全国优秀博士学位论文"

全国优秀博士学位论文提名

时间	作者	论文题目	指导老师	学科
2005	李增泉	《国家控股与公司治理的有效性》	孙铮	会计学
2010	汪冲	《中国基本公共服务收益均等化转移支付方案研究》	刘小川	财政学
2012	李科	《公司治理、融资约束与公司业绩：因果关系与经济机理》	徐龙炳	金融学

第十二章　人才培养

九、获奖情况

● 挑战杯 ●

"挑战杯"全国大学生课外学术科技作品竞赛（2005—2015）

1 全国特等奖　　2 全国一等奖　　5 全国二等奖　　14 全国三等奖

"挑战杯"全国大学生创业计划竞赛（2004—2012）

3 全国银奖　　9 全国铜奖

"创青春"全国大学生创业大赛（2014—2016）

1 全国金奖　　3 全国银奖　　2 全国铜奖

学生在第九届"挑战杯"大学生创业计划竞赛中获得金奖（2014年11月）

● 数学建模 ●

全国大学生数学建模竞赛（1999—2016）

11 全国一等奖　　56 全国二等奖

学生参加全国大学生数学建模竞赛20周年庆典暨"2011高教社杯"颁奖仪式（2011年12月22日）

● 德勤税务精英挑战赛 ●

个案分析比赛（2004—2016，13届）

8 获奖总数　|　**4** 全国冠军　　**1** 全国亚军

优秀论文评选（2006—2016，11届）

4 获奖总数

学校代表队获2011年德勤税务精英挑战赛个案分析比赛全国总决赛冠军（2011年11月18日）

● 创行世界杯 ●

中国队（上财）enactus团队获创行世界杯比赛全国总冠军、全球第八名（2013年10月）

十、文化育人

1995年，学校首次获得"上海市文明单位"称号。至今，学校已连续24年共12次获得"上海市文明单位"称号。

2016年，学校马克思主义学院获"上海市示范马克思主义学院"称号。

2001年1月5—6日，学校召开全校"思想政治工作会议"。

2017年5月19日，学校召开全校"思想政治工作会议"。

艺术修养

- 1998　合唱团成立
- 2001　民乐团成立
- 2002　舞蹈团成立
- 2003　话剧团成立
- 2008　室内乐团成立

合唱团在纪念长征80周年歌会献曲《赤水出奇兵》（2016年10月15日）

民乐团参加第四届全国大学生艺术展演并获一等奖（2015年2月26日）

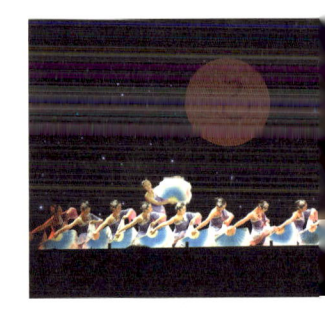

舞蹈团建团12周年舞蹈专场（2014年11月20日）

原创话剧《扎玛格蓝》获第二届上海市大学生话剧节唯一的一等奖（2006年6月）

室内乐团在东方艺术中心举行专场音乐会（2011年5月24日）

第十二章 人才培养

园怀"校园文化艺术节（2009年12月9日）

"校园十大歌手"大赛（2014年12月4日）

国际文化日（2012年5月25日）

月如歌"毕业联欢晚会（2011年6月22日）

1994	首届"蓝园杯"
1999	首届"校园十大歌手"大赛
2002	首届"国际文化日"
2006	首届"岁月如歌"毕业联欢晚会

图说上财：1917—2017

体育精神

学生在1991年全国大学生射击比赛中获男子汽牛枪第一名和第二名

学生隋泽翔夺得2015年第二届世界大学生围棋锦标赛冠军

学生张逸卿在2016年中国－加拿大大学生游泳锦标赛中获得50米蝶泳第一名

学生卜祥志、谭中怡、章晓雯在2012年第届世界大学生国际象棋锦标赛中助中国队包揽子、女子和团体三枚金牌

学生赵倩倩、杨上清在2016年第二十一届全国学生网球锦标赛中获女双银牌

健美操队在"美派斯杯"2006年第二届中国健康活力大赛中获得花球（啦啦操）冠军

第十二章 人才培养

绳队在2015-2016年全国跳绳联赛桐庐站中获．1枚金牌

球队在2013年 SUFE OPEN 羽毛球公开赛中获男单、女单和女双三项冠军

队在2016年上海市学生运动会中获得第四名

女子篮球队在2013年上海市大学生篮球锦标赛中获得季军

跆拳道队在2016年上海市学生运动会（大学组）中获得2银2铜

2016年新成立的校击剑队在上海市比赛中崭露头角

图说上财：1917—2017

科学·人文大讲堂

2013 年月，学校首次开设"科学·人文大讲堂"。截至 2017 年 6 月，人讲堂举办各类讲座 159 场次。

高雅艺术进校园

满天星艺术团　　　　　　《青春禁忌游戏》 中央实验话剧团　　《智取威虎山》 上海京剧院

《一起跳舞吧》 上海歌舞团　　《青春飞扬，爱国圆梦》　　　　中央民族歌舞团
　　　　　　　　　　　　中国人民解放军军乐团

-260-

第十二章 人才培养

十一、招生与就业

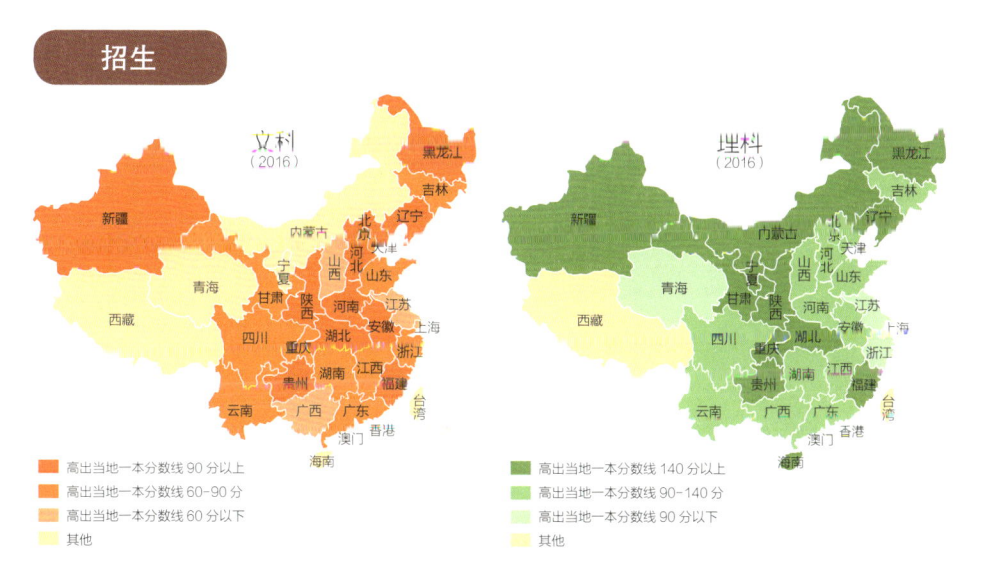

招生

文科（2016）
- 高出当地一本分数线 90 分以上
- 高出当地一本分数线 60-90 分
- 高出当地一本分数线 60 分以下
- 其他

理科（2016）
- 高出当地一本分数线 140 分以上
- 高出当地一本分数线 90-140 分
- 高出当地一本分数线 90 分以下
- 其他

就业

2010年，学校成为教育部首批50所"全国毕业生就业典型经验高校"（2009年度）之一。

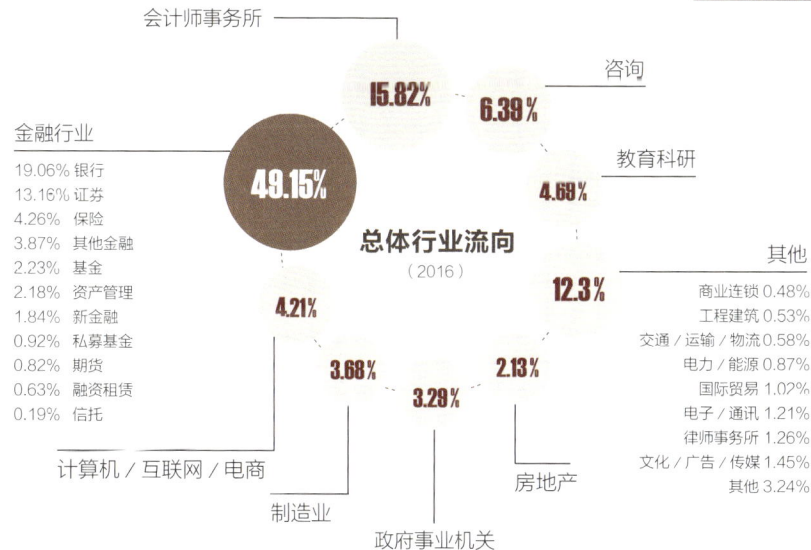

总体行业流向（2016）

- 会计师事务所 15.82%
- 咨询 6.39%
- 教育科研 4.69%
- 金融行业 49.15%
  - 19.06% 银行
  - 13.16% 证券
  - 4.26% 保险
  - 3.87% 其他金融
  - 2.23% 基金
  - 2.18% 资产管理
  - 1.84% 新金融
  - 0.92% 私募基金
  - 0.82% 期货
  - 0.63% 融资租赁
  - 0.19% 信托
- 计算机/互联网/电商 4.21%
- 制造业 3.68%
- 政府事业机关 3.29%
- 房地产 2.13%
- 其他 12.3%
  - 商业连锁 0.48%
  - 工程建筑 0.53%
  - 交通/运输/物流 0.58%
  - 电力/能源 0.87%
  - 国际贸易 1.02%
  - 电子/通讯 1.21%
  - 律师事务所 1.26%
  - 文化/广告/传媒 1.45%
  - 其他 3.24%

第十三章

科学研究与社会服务

学校坚持"顶天立地"科研战略,以"学科、科研、人才"三位一体为发展路径,以高质量、多元化为导向,深化基础研究,强化应用研究,不断提高服务国家和上海经济社会发展重大战略需求的能力,充分发挥思想库、人才库和智囊库作用,学术水平和国内外学术影响力不断提升。

学校科研工作会议(2015年6月5日)

一、科研项目

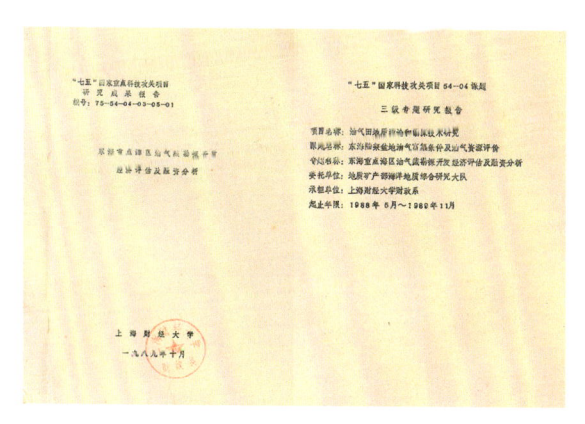

《东海重点海区油气藏勘探开发经济评估及融资分析》研究成果报告（1989年10月）

1988年，学校财政系承担了国家"七五"重点科技攻关项目《油气田地质理论和勘探技术研究》项目中的《东海重点海区油气藏勘探开发经济评估及融资分析》专题。

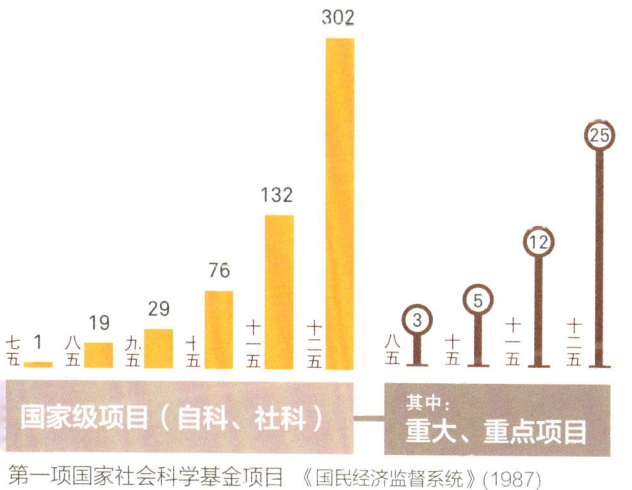

国家级项目（自科、社科）
- 七五：1
- 八五：19
- 九五：29
- 十五：76
- 十一五：132
- 十二五：302

其中：重大、重点项目
- 八五：3
- 十五：5
- 十一五：12
- 十二五：25

第一项国家社会科学基金项目 《国民经济监督系统》(1987)
第一项国家自然科学基金项目 《鞍点遥近及小样本理论》（1994）

16项 国家社会科学基金重大项目

第一项国家社会科学基金重大项目
《科学发展观与中国经济改革和开放》（2005）

4项 国家自然科学基金杰青、优青项目

第一项国家杰出青年科学基金项目
《劳动力市场与收入分配》（2014）

图说上财：1917—2017

国家社会科学基金研究课题《国民经济监督系统》鉴定会（1990年8月13日）

1987年，学校承担了第一个国家社会科学基金项目《国民经济监督系统》，《国民经济监督系统研究》一书为其主要成果。

1994年，施锡铨教授承接的《鞍点逼近及小样本理论》课题实现了学校国家自然科学基金"零"的突破。

国家自然科学基金申请项目评审结果通知（1994年10月6日）

二、学术论文

SSCI、SCI、ESI 高被引论文发文

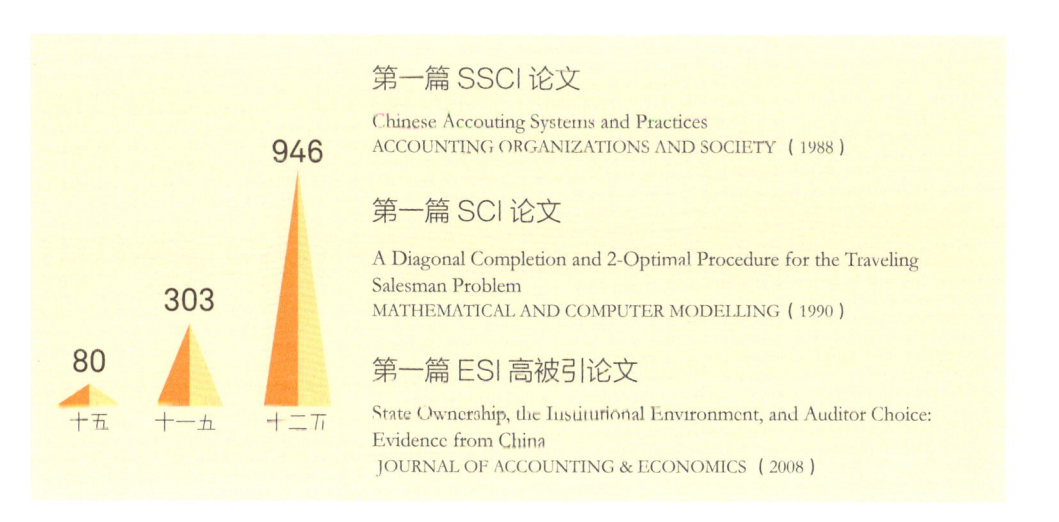

80 十五	第一篇 SSCI 论文 Chinese Accouting Systems and Practices ACCOUNTING ORGANIZATIONS AND SOCIETY（1988）
303 十一五	第一篇 SCI 论文 A Diagonal Completion and 2-Optimal Procedure for the Traveling Salesman Problem MATHEMATICAL AND COMPUTER MODELLING（1990）
946 十二五	第一篇 ESI 高被引论文 State Ownership, the Institutional Environment, and Auditor Choice: Evidence from China JOURNAL OF ACCOUNTING & ECONOMICS（2008）

《中国社会科学》《经济研究》发文（1986.1—2017.6）

《中国社会科学》	**24** 篇
《经济研究》	**187** 篇

-265-

国际顶级、一类期刊发文（2004.1—2017.6） **208** 篇

学科方向	期刊	学科方向	期刊
经济学（顶级）	AMERICAN ECONOMIC REVIEW ECONOMETRICA JOURNAL OF POLITICAL ECONOMY QUARTERLY JOURNAL OF ECONOMICS REVIEW OF ECONOMIC STUDIES	会计和审计	THE ACCOUNTING REVIEW CONTEMPORARY ACCOUNTING RESEARCH JOURNAL OF ACCOUNTING & ECONOMICS JOURNAL OF ACCOUNTING RESEARCH REVIEW OF ACCOUNTING STUDIES
经济学（一类）	ECONOMIC JOURNAL GAMES AND ECONOMIC BEHAVIOR INTERNATIONAL ECONOMIC REVIEW JOURNAL OF ECONOMETRICS JOURNAL OF ECONOMIC THEORY JOURNAL OF INTERNATIONAL ECONOMICS JOURNAL OF MONETARY ECONOMICS JOURNAL OF PUBLIC ECONOMICS RAND JOURNAL OF ECONOMICS REVIEW OF ECONOMICS AND STATISTICS THEORETICAL ECONOMICS	市场营销	MARKETING SCIENCE
		战略、组织行为、人力资源	ACADEMY OF MANAGEMENT JOURNAL JOURNAL OF APPLIED PSYCHOLOGY JOURNAL OF INTERNATIONAL BUSINESS STUDIES ORGANIZATION SCIENCE STRATEGIC MANAGEMENT JOURNAL
统计学（顶级）	ANNALS OF STATISTICS JOURNAL OF THE AMERICAN STATISTICAL ASSOCIATION	运营管理、管理科学与工程	M&SOM-MANUFACTURING & SERVICE OPERATIONS MANAGEMENT MANAGEMENT SCIENCE OPERATIONS RESEARCH PRODUCTION AND OPERATIONS MANAGEMENT MATHEMATICAL PROGRAMMING MATHEMATICS OF OPERATIONS RESEARCH
统计学（一类）	ANNALS OF PROBABILITY BIOMETRIKA JOURNAL OF THE ROYAL STATISTICAL SOCIETY SERIES B-STATISTICAL METHODOLOGY BIOMETRICS SCANDINAVIAN JOURNAL OF STATISTICS STATISTICA SINICA	信息管理与信息系统	INFORMATION SYSTEMS RESEARCH JOURNAL OF MANAGEMENT INFORMATION SYSTEMS MIS QUARTERLY
		政治学	BRITISH JOURNAL OF POLITICAL SCIENCE
金融学	JOURNAL OF FINANCE JOURNAL OF FINANCIAL ECONOMICS REVIEW OF FINANCIAL STUDIES		

三、学术著作

2172 部 出版各类著作 (1985—2016)	**1407** 部 专著
	496 部 编著
	269 部 译著

《深层生成论：自然科学的新哲学境界》
2010 年入选国家哲学社会科学成果文库

《统计指数理论、方法与应用研究》
2010 年入选国家哲学社会科学成果文库

《现代政治经济学的前沿理论与中国特色研究》
2016 年入选国家哲学社会科学成果文库

《会计审计理论探索》（1993）

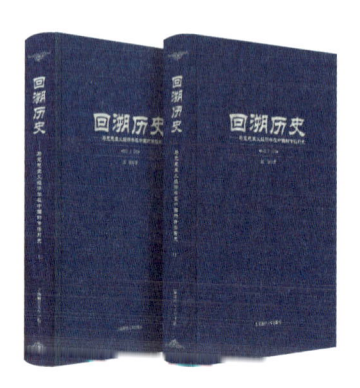

《回溯历史——马克思主义经济学在中国的传播前史》（2008）

《中国改革：历史、逻辑和未来》（2014）

《大辞海·经济卷》（2016）

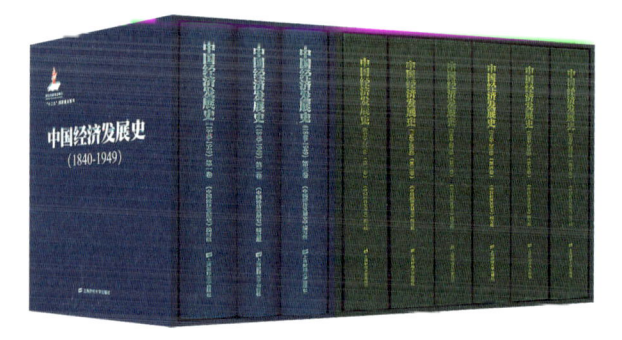

《中国经济发展史（1840—1949）》（2016）
《中国经济发展史（1949—2010）》（2014）

四、发展报告

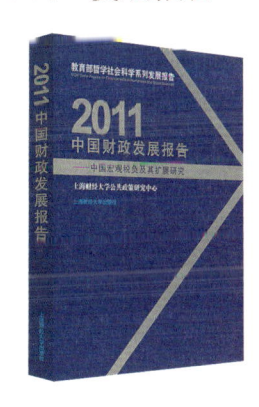

1999年,学校开始编制《中国财政发展报告》。2010年,该报告入选教育部哲学社会科学发展报告资助项目。

2007年,学校开始编制《世界经济发展报告》。2011年,该报告入选教育部哲学社会科学发展报告资助项目。

其他发展报告

五、学术获奖

● 省部级科研获奖 ●

- 十五：95 项
- 十一五：133 项
- 十二五：128 项

● 高等学校科学研究优秀成果奖（人文社会科学）●

- 一等奖 1 项
- 二等奖 12 项
- 三等奖 27 项

《会计审计理论探索》获"普通高等学校第二届人文社会科学研究成果奖经济学一等奖"（1998年12月10日）

第十三章 科学研究与社会服务

● 孙冶方经济科学奖 ●

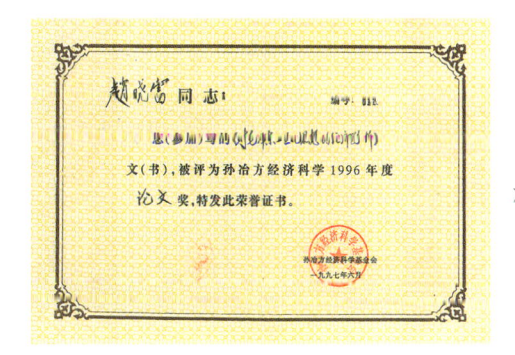

《对毛泽东工业化思想的经济学分析》获"孙冶方经济科学1996年度论文奖"（1997年6月）

《回溯历史——马克思主义经济学在中国的传播前史》获"孙冶方经济科学奖第16届（2014年度）著作奖"（2015年11月）

《中国改革：历史、逻辑和未来》获"孙冶方经济科学奖第16届（2014年度）著作奖"（2015年11月）

六、科研平台

教育部人文社会科学重点研究基地——会计与财务研究院（2000）

会计与财务研究院成立揭牌仪式（2000年7月7日）

2000年7月7日，由教育部领导和专家组成的考察团对学校会计与财务研究院进行了为期一天的考察，一致同意会计与财务研究院入选教育部重点研究基地。

教育部重点实验室——数理经济学教育部重点实验室（2011）

数量经济学教育部重点实验室建设计划论证会（2012年4月27日）

2011年12月30日，学校数理经济学实验室入选"教育部重点实验室"。2012年4月27日，实验室建设计划通过专家论证。

上海市协同创新中心——中国自由贸易试验区协同创新中心（2013）

中国（上海）自由贸易试验区协同创新中心签约揭牌仪式
（2013年10月26日）

上海高校智库
- 公共政策与治理研究院
- 中国产业发展研究院
- 上海国际金融中心研究院

上海市人民政府决策咨询研究基地工作室
- 王洪卫工作室
- 赵晓雷工作室
- 胡怡建工作室

七、学术期刊

《财经研究》创刊于1956年，1959年停刊，1980年复刊，现为国家新闻出版广电总局"百强报刊"、国家社科基金资助期刊、教育部名栏、教育部经济学专业期刊示范基地。

1979年，学校创办《外国经济参考资料》，1984年更名为《外国经济与管理》，1985年向国内外公开发行。现为管理学期刊《人大复印报刊资料》转载率和综合指数全国第一（2009—2015）。

第十三章 科学研究与社会服务

《上海财经大学学报》创刊于 1999 年。

《Frontiers of Economics in China》创刊于 2006 年。

《海派经济学》创刊于 2003 年。

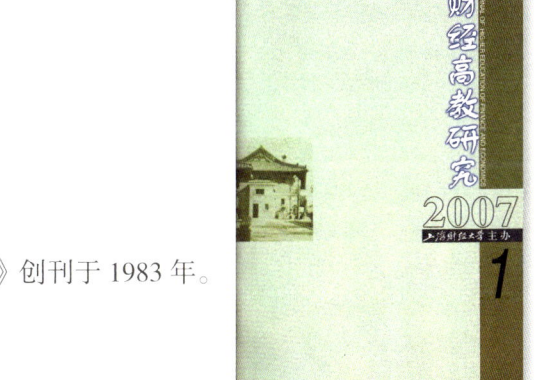

《财经高教研究》创刊于 1983 年。

八、学术交流

诺贝尔经济学奖获得者来校交流

1980年诺贝尔经济学奖得主劳伦斯·R. 克莱因（Lawrence R. Klein）教授来校访问（1985年11月20日）

2003年诺贝尔经济学奖获得者克莱夫·W.J. 格兰杰（Clive W. J. Granger）教授来校作学术报告（2005年6月6日）

1999年诺贝尔经济学奖获得者罗伯特·F. 蒙代尔（Robert F. Mundell）教授来校作学术报告（2003年9月8日）

2011年诺贝尔经济学奖得主克里斯托弗·A. 西姆斯（Christopher A. Sims）教授出席在我校举行的第九届Dynare国际研讨会并作主题发言（2013年10月29日）

-276-

第十三章 科学研究与社会服务

国际、国内学术会议

第七届管理会计国际研讨会（2011年6月）

第十一届中国经济学年会（2011年12月）

亚太地区知识管理国际会议（2012年10月）

国家统计局、上海财经大学共建"大数据统计科学中心"揭牌仪式暨大数据统计分析研讨会（2015年3月）

中国自贸区与开放新阶段高峰论坛（2015年5月）

国家自然科学基金委中英"支持中国可持续发展的金融管理研究"研讨会（2016年6月）

九、决策咨询

上海市决策咨询研究成果奖（1997—2015，10届）

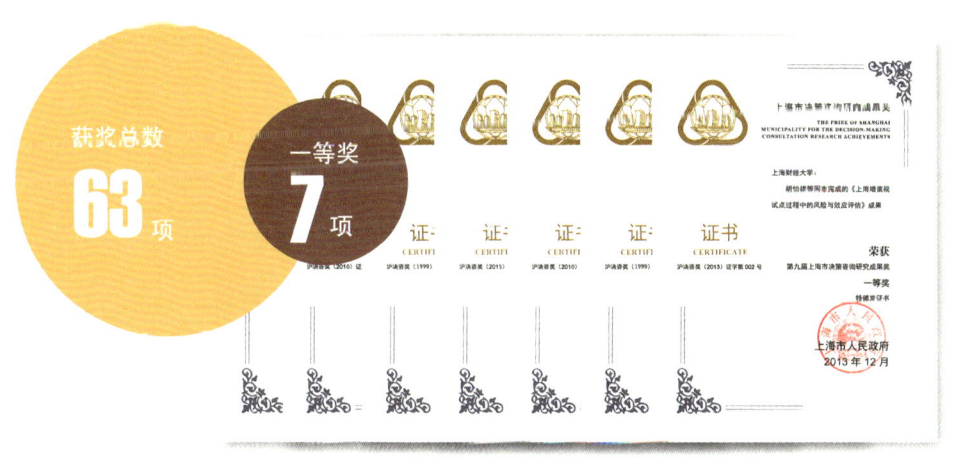

获奖总数 **63** 项

一等奖 **7** 项

上海市决策咨询研究成果奖一等奖证书

上报决策咨询专家建议（2010—2016）

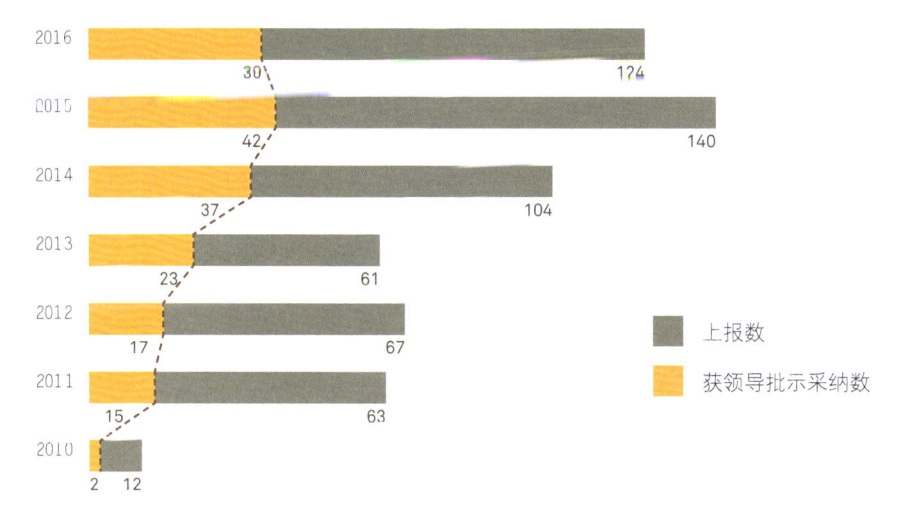

年份	获领导批示采纳数	上报数
2016	30	124
2015	42	140
2014	37	104
2013	23	61
2012	17	67
2011	15	63
2010	2	12

两个服务行动计划　《服务国家财税事业行动计划》
　　　　　　　　　《服务上海发展行动计划》

2012年起，学校每年制定并实施了《服务国家财税事业行动计划》和《服务上海发展行动计划》，为国家和上海市发展出谋划策。

决策咨询研究

世博会与上海社会经济发展研究

上海市社会经济指数系列

"营改增"研究

《预算法》修订研究

财政透明度研究

中国自由贸易试验区研究

面向未来30年的上海发展战略研究总报告平行研究

中国宏观经济形势分析与预测研究

十、科技园与继续教育

国家大学科技园

上海财经大学国家大学科技园揭牌仪式（2009年5月25日）

科技园区位图

现代服务业产学研基地——上海财经大学国家大学科技园是首个以现代服务业为特色的国家大学科技园。

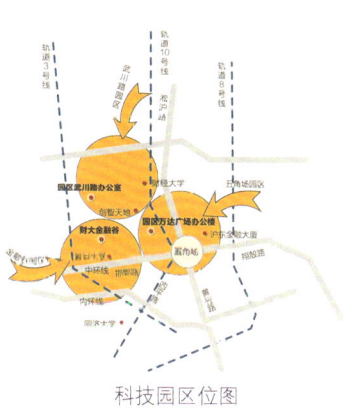

高等学校继续教育示范基地

国际从业资格项目

第十四章

教师队伍

学校按照"创新机制、国际竞争、高端引领、整体推进"的原则，切实加大海内外优秀人才的引进和培养力度，汇聚和培养了一批高层次人才，师资结构不断优化，师资队伍整体素质显著提升，学术领军人才队伍建设取得重大进展。

学校庆祝第32个教师节暨表彰大会（2016年9月13日）

一、师资结构

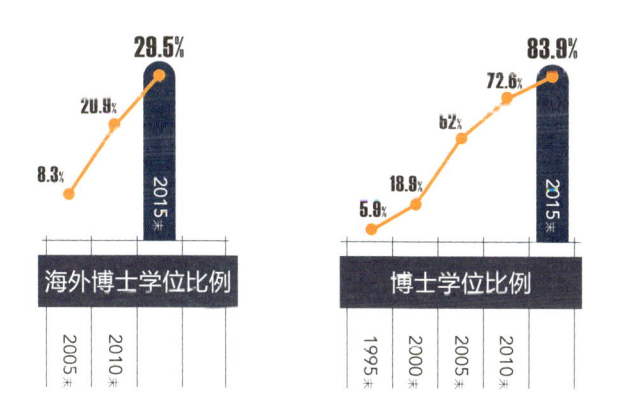

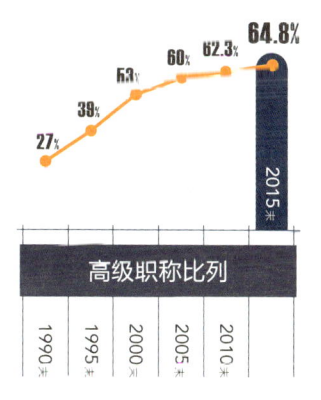

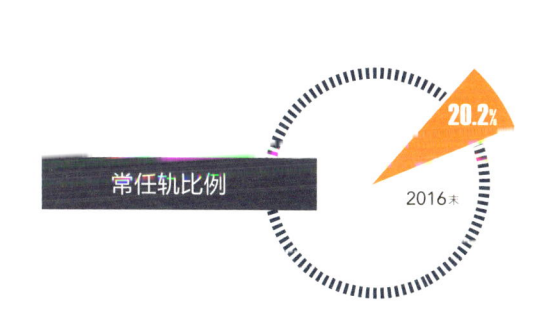

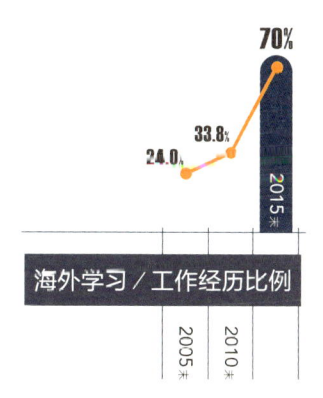

海外博士学位比例: 8.3% (2005末), 20.9% (2010末), 29.5% (2015末)

博士学位比例: 5.9% (1995末), 18.9% (2000末), 62% (2005末), 72.6% (2010末), 83.9% (2015末)

高级职称比列: 27% (1990末), 39% (1995末), 53% (2000末), 60% (2005末), 62.3% (2010末), 64.8% (2015末)

常任轨比例: 20.2% (2016末)

海外学习/工作经历比例: 24.0% (2005末), 33.8% (2010末), 70% (2015末)

二、模范教师

石成岳

全国先进工作者
（1989）

陈信元

全国"五一"劳动奖章
（2004）、教育部首届
"高等学校教学名师奖"
（2003）

胡寄窗

教育部"全国优秀教师"
（1989）

杨公朴

教育部"全国优秀教师"
（1993）

第十四章 教师队伍

张为国

教育部"全国优秀教师"（1995）

赵晓雷

教育部"全国优秀教师"（2004）

戴国强

教育部"高等学校教学名师奖"（2007）

孙铮

教育部"高校青年教师奖"（2000）

徐国祥

教育部"高校青年教师奖"（2003）

三、学术带头人、学术骨干与学术团队

国务院学位委员会审定的博士生导师

娄尔行
会计学（1981）

胡寄窗
中外经济学说史（1984）

张尧庭
概率论和数理统计（1983）

席克正
财政学（1986）

郑德如
统计学（1986）

徐政旦
会计学（1986）

王松年
会计学（1990）

第十四章 教师队伍

汤云为
会计学（1993）

︙公朴
︙业经济（1990）

杨君昌
财政学（1993）

张为国
会计学（1993）

︙敏
︙外经济思想史（1993）

颜光华
企业管理（1993）

施锡铨
统计学（1993）

国务院学位委员会学科评议组成员

- 第四届 1997 — 2人：汤云为、谈敏
- 第五届 2003 — 2人：谈敏、陈启杰
- 第六届 2009 — 3人：丛树海、孙铮、赵晓雷
- 第七届 2014 — 4人：丛树海、孙铮、赵晓雷、周勇

教育部社会科学委员会委员

- 2007— 1人：丛树海

教育部高等学校教学指导委员会主任委员

- 2013— 2人：樊丽明、孙铮

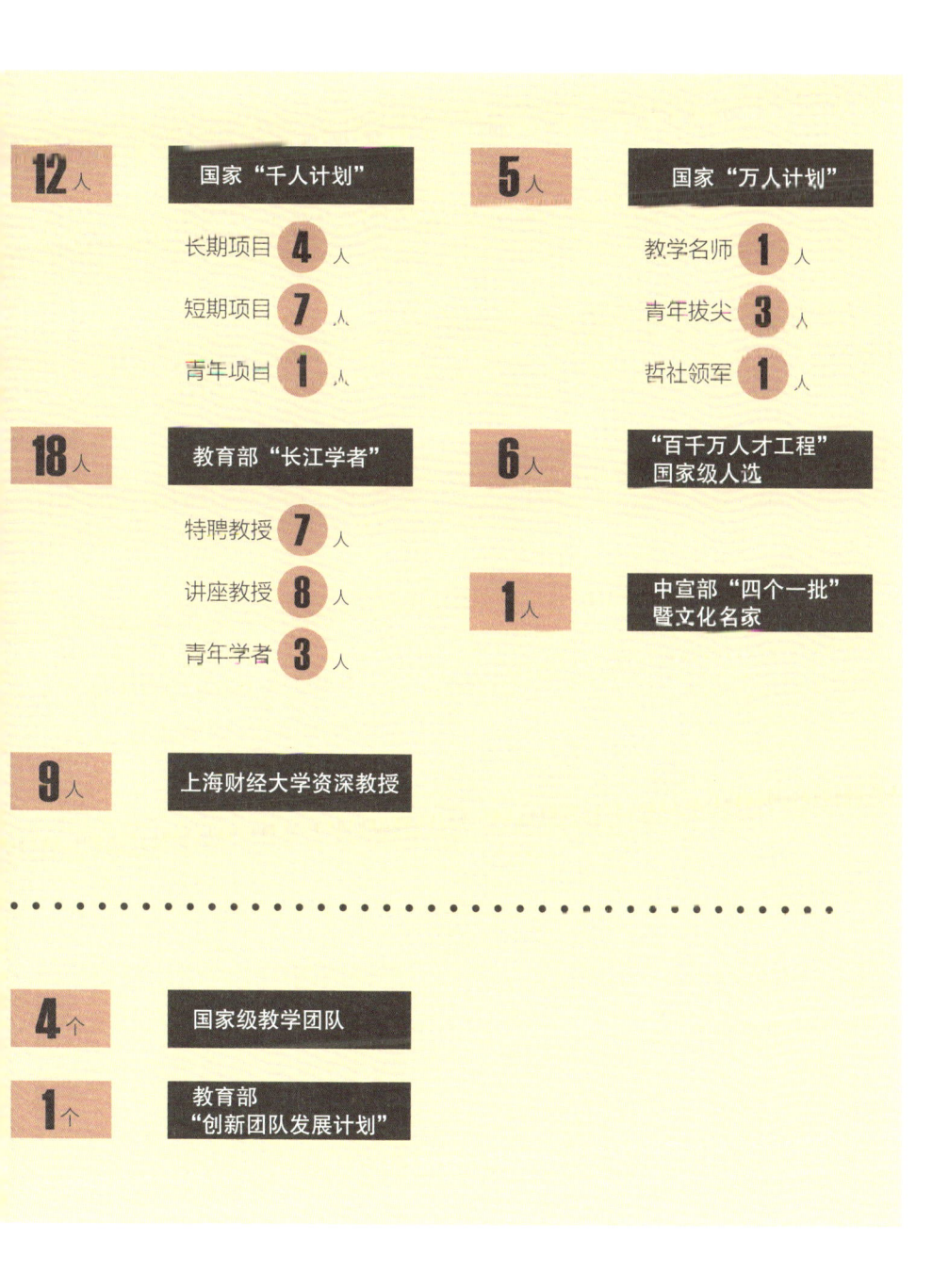

第十四章 教师队伍

12人	国家"千人计划"	长期项目 4 人；短期项目 7 人；青年项目 1 人
5人	国家"万人计划"	教学名师 1 人；青年拔尖 3 人；哲社领军 1 人
18人	教育部"长江学者"	特聘教授 7 人；讲座教授 8 人；青年学者 3 人
6人	"百千万人才工程"国家级人选	
1人	中宣部"四个一批"暨文化名家	
9人	上海财经大学资深教授	

....

4个	国家级教学团队
1个	教育部"创新团队发展计划"

-289-

四、体制机制创新

"三位一体"国际化师资

常任轨教师 **259**位	非全时实聘海外院长 **10**位	海外专家学者特聘教授 **105**位
2005—2016	2004—2016	2005—2016
"常任轨"制	"非全时实聘"制	"特聘教授"制

"海外高层次人才创新创业基地"

2011年11月，学校入选"海外高层次人才创新创业基地"。

"海外高层次人才创新创业基地"授牌仪式
（2011年12月20日）

海外高层次人才创新创业基地
中央人才工作协调小组
二〇一一年十一月

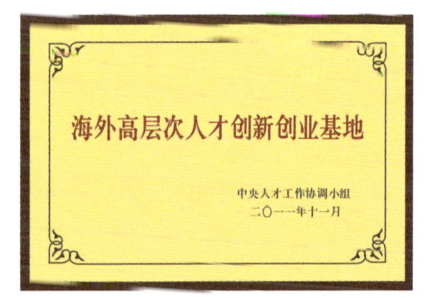

五、"1351 人才工程"

学校师资队伍建设工作会议（2013 年 5 月 16 日）

2013 年 5 月，学校师资队伍建设工作会议提出"1351 人才工程"规划，明确了至 2020 年的人才建设目标。截至 2016 年底，学校评出资深教授 9 人，讲席教授 21 人，讲席副教授 41 人，创新团队 20 个。

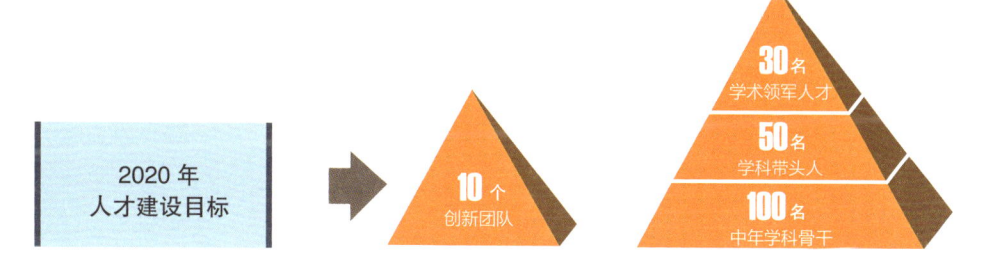

2020 年 人才建设目标 → 10 个 创新团队

30 名 学术领军人才
50 名 学科带头人
100 名 中年学科骨干

第十五章

开放办学

学校积极探索开放、共赢的合作办学模式，不断提升合作办学层次，不断开拓国际合作模式，为师生创造更多、更高水平的国际合作与交流机会，努力培养具有国际视野、通晓国际规则、能够参与国际事务和国际竞争的国际化人才。

第十五章 开放办学

一、多形式合作办学

校际合作

学校与上海外国语学院校际合作签字仪式（1989年1月16日）

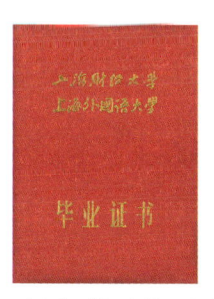

"上海财经大学、上海外国语大学毕业证书"

1989年1月16日，学校与上海外国语学院签署《关于开展校际合作协议书》、《关于两校联合举办国际会计专业协议书》，携手培养高层次涉外人才。

2004年4月22日，学校与南京航空航天大学签署合作培养"国防经济"专业博士研究生协议。

学校与南京航空航天大学合作培养"国防经济"专业博士研究生协议签署仪式（2004年4月22日）

-293-

校企合作

1993
- 南德国际经济管理学院
  与南德经济集团合办
- 恒通工商管理学院
  与珠海恒通置业股份有限公司合办

1994
- 证券期货学院
  与上海证券交易所合办
- 万泰国际投资学院
  与万泰集团合办

1995
- 财务金融学院
  与上海能源化工总公司合办

南德国际经济管理学院（1993年5月22日成立）

恒通工商管理学院（MBA）成立典礼（1993年5月31日）

第十五章 开放办学

上海证券期货学院签字揭牌仪式（1994年6月8日）

万泰国际投资学院成立揭牌仪式（1994年11月25日）

财务金融学院成立揭牌仪式（1995年5月18日）

校地合作

2007年，基于与杨浦区人民政府的合作，学校设立上海财经大学附属中学。

上海财经大学附属中学

2008年5月，学校与浙江省金华市人民政府合作设立上海财经大学浙江学院。

上海财经大学浙江学院

2014年12月，学校与青岛市人民政府合办青岛财富管理研究院。

青岛财富管理研究院揭牌仪式（2014年12月13日）

第十五章 开放办学

2016年6月1日，举行中共上海市杨浦区委员会、中共上海财经大学委员会关于"加强全面合作 共同推进科创中心重要承载区建设"中心组联组学习会暨区校全面战略合作协议签约仪式，开启了我校与杨浦区人民政府全面合作新阶段。

学校与杨浦区人民政府全面战略合作协议签约仪式（2016年6月1日）

2013年6月7日，学校与虹口区人民政府签署战略合作框架协议。

学校与上海市虹口区人民政府战略合作框架协议签约仪式（2013年6月7日）

2016年，基于与虹口区人民政府的合作，学校设立上海财经大学附属北郊高级中学。

上海财经大学附属北郊高级中学

二、国（境）外合作与交流

1985年，学校与美国明尼苏达大学管理学院签订了第一个国际合作协议。

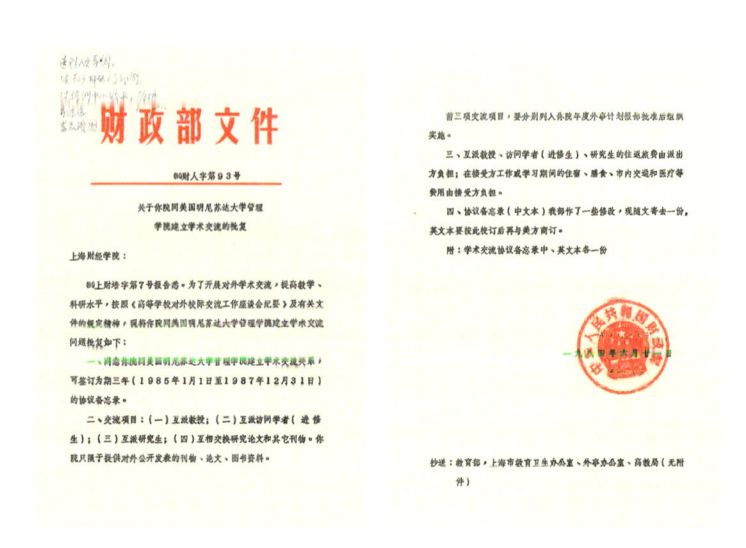

财政部关于学校与美国明尼苏达大学管理学院建立学术交流的批复
（1984年6月21日）

第十五章 开放办学

国家/地区	合作方
英国	伦敦政治经济学院 London School of Economics and Political Science
加拿大	女王大学 Queen's University
荷兰	鹿特丹伊拉斯谟大学 Erasmus University Rotterdam
意大利	罗马第一大学 Sapienza University of Rome
澳大利亚	澳大利亚国立大学 Australian National University
日本	早稻田大学 Waseda University
新加坡	新加坡管理大学 Singapore Management University
中国香港	香港中文大学 Chinese University of Hong Kong
中国香港	香港科技大学 Hong Kong University of Science and Technology
中国台湾	台湾大学 Taiwan University

　　截至2017年6月，学校与美国、英国、加拿大、澳大利亚、法国、日本、意大利、西班牙等43个国家或地区的192所大学（机构）建立了合作关系。

-299-

图说上财：1917—2017

1985年11月19日，张君一校长（左）代表学校授予美国密执安大学莱斯利·基什（Leslie Kish）博士顾问教授证书

1989年3月9日，叶麟根书记（中）会见日本武藏大学向山严教授（左）

1988年9月14日，金炳华校长（右）与日本一桥大学校长川井健教授签署协议

1996年9月4日，汤云为校长（左一）会见伦敦市市长代表团一行

1997年5月28日，潘洪萱书记（右）会见菲律宾驻华大使杨应琳先生

第十五章 开放办学

2008年4月10日,谈敏校长(右)接受苏格兰内阁教育大臣菲奥纳·希斯罗普(Fiona Hyslop)女士为我校颁发的"最杰出SQA中心"荣誉证书

2009年6月11日,马钦荣书记(右)与美国加州大学伯克利分校HAAS商学院院长理查德·莱昂斯(Richard Lyons)教授(中)合影

2013年1月9日,樊丽明校长(右)与加州大学伯克利分校常务副校长、教务长乔治·布斯劳尔(George Brestauer)教授会谈

2014年10月31日,丛树海书记(右)会见美国西弗吉尼亚州教育代表团

-301-

三、国际化人才培养

海外学习实习模式
- 学生交换项目
- 国家建设高水平大学公派研究生留学项目
- 校派联合培养博士研究生留学项目
- 暑期游学
- 一流大学海外访学项目
- 教育部中外合作学习项目
- 国际暑期项目
- 海外实习

学生交流（2016）

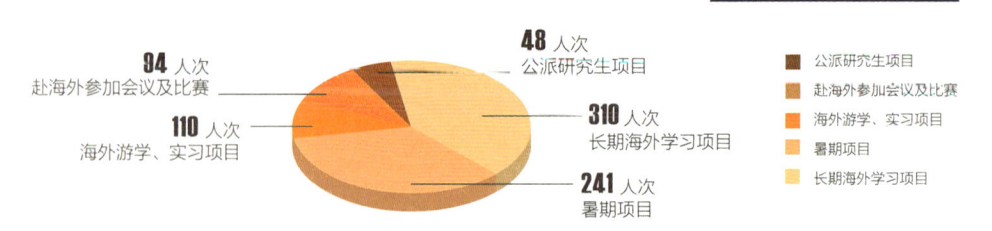

- 94人次 赴海外参加会议及比赛
- 110人次 海外游学、实习项目
- 48人次 公派研究生项目
- 310人次 长期海外学习项目
- 241人次 暑期项目

图例：
- 公派研究生项目
- 赴海外参加会议及比赛
- 海外游学、实习项目
- 暑期项目
- 长期海外学习项目

暑期国际课程（2016）

- 32门 课程门数 | 本科生
- 29门 课程门数 | 研究生
- 100% 国际师资比例

本科生海外学习比例（2016）

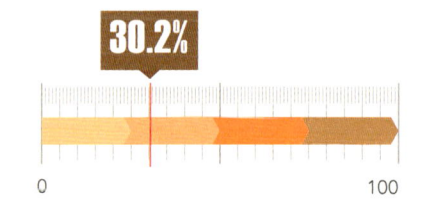

30.2%

第十五章 开放办学

研究生中外合作办学项目

- 中美合作 MBA 项目（1996）
- 中英合作 EMBA 项目（2002）
- 上海财经领军人才发展项目暨上海财大全球 EMBA 项目（2009）

本科生中外合作办学项目

经济学专业本科教育项目（2000）

金融学专业本科教育项目（2000）

工商管理专业本科教育项目（2000）

学校与韦伯斯特大学 MBA 合作项目签字仪式（1996 年）

1996 年 11 月 14 日，由学校与美国韦伯斯特大学合作培养，授予美国学位的工商管理硕士研究生班开学，时为唯一可以在我国境内授予美国工商管理硕士（MBA）学位的项目，被称为"不出国门的留学生"。

在校生赴海外学习启航仪式（2013 年 6 月）

境外合作项目

香港研究生教学点

2003 年，经国家教育部和香港学术评审局批准，上海财经大学与香港金融管理学院合作，于香港成立了研究生教学点，开设金融学博士、企业管理博士及工商管理硕士（MBA）课程，成为第一所在香港开展研究生学历、学位教育的内地高校。

学校香港研究生教学点开学典礼（2005 年 9 月）

国际组织人才培养

南南合作组织

联合国贸发组织投资和企业司

国家审计署联合国审计项目

国际会计准则理事会

世界银行

张君一出席世界银行执行董事会议（1988年1月19日）

1986年11月时任校长张君一山世界银行执行董事。

2015年起，学校开设国际组织人才培养基地班。通过本硕培养贯通、国际国内贯通、学习实习贯通的培养方式，旨在培养能胜任在国际组织中从事金融、商务、法律工作的高端人才。

国际组织人才培养基地班学生参加金砖国家新开发银行首届理事会年会（2016年7月）

第十五章 开放办学

国际化示范学院——上海财经大学国际工商管理学院

2015年6月9日,国际工商管理学院入选国家外国专家局和教育部"高校国际化示范学院推进计划"。

国家外国专家局、教育部关于国际工商管理学院入选"高校国际化示范学院推进计划"的通知(2015年6月9日)

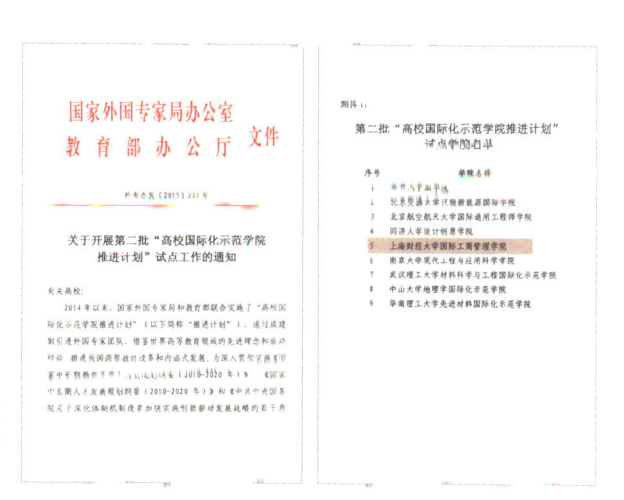

外籍副院长 Kees Koedijk 教授等向学校汇报国际化示范学院工作情况(2017年3月3日)

孔子学院

2015年12月，学校领导与爱沙尼亚塔林大学副校长Priit Reiska、塔林大学孔子学院外方院长Mikk Kasesalk以及英国伦敦玛丽女王大学孔子学院外方院长Kathry Richardson共同参加第十届全球孔子学院大会。

学校参加第十届全球孔子学院大会（2015年12月6日）

爱沙尼亚塔林大学孔子学院（2014年12月）

英国伦敦玛丽女王大学孔子学院（2015年10月）

第十五章 开放办学

四、合作发展

校董会

上海财经大学校董会成立大会（2012年11月10日）

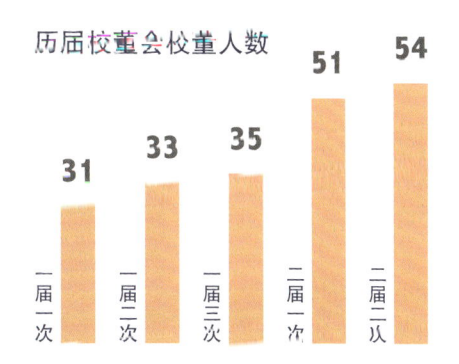

历届校董会校董人数：
- 一届一次：31
- 一届二次：33
- 一届三次：35
- 二届一次：51
- 二届二次：54

基金会

2008年10月30日，上海财经大学基金会成立。

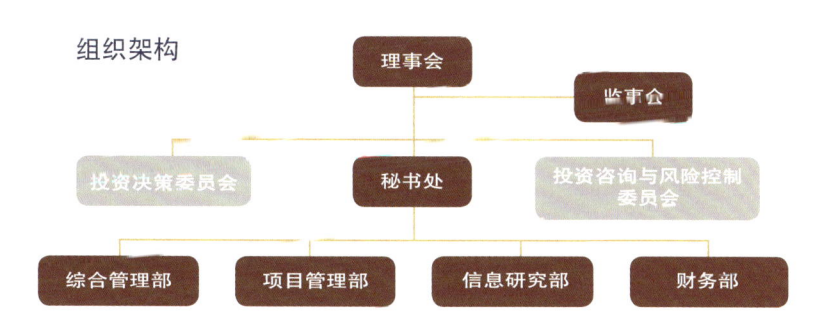

组织架构：
- 理事会
  - 监事会
  - 投资决策委员会
  - 秘书处
  - 投资咨询与风险控制委员会
    - 综合管理部
    - 项目管理部
    - 信息研究部
    - 财务部

中基透明指数

全国 1

2016年，"中基透明指数"（FTI）全国排名并列第一，满分。

-307-

校友会

　　2014年11月18日，经民政部批准，学校召开上海财经大学校友会成立大会，上海财经大学校友会正式成立。

校友会成立大会合影（2014年11月18日）

第十六章

文化建设与校园景观

【校歌】 共铸荣光

作词：孙铮　作曲：潘明磊

淳朴学府　同仁四方　溯源金陵　创校浦江

三育并举　四衡为纲　和衷共济风雨一堂

厚德博学　日新业煌　经济匡时富民兴邦

学风谨厚　秉持信仰　鹏程万里共铸荣光

厚德博学　日新业煌　经济匡时富民兴邦

学风谨厚　秉持信仰　鹏程万里共铸荣光鹏

程万里共铸荣光

工程序列，入百所名校之林兮，再度升高远举。总书记题词，厚望所寄，办一流大学，创辉煌业绩。高歌新曲，跨入新世纪。归属于教育部，诸多学科，颉之颃之，蒸蒸日上，优势专业，并辔国际，登临985创新平台，两部一市之共建兮，复写壮歌曲曲！菲其言厚其行，学校内涵深铸兮，兼该博取。

胸襟之博畅兮，纳海内外卓识贤才。长江学者，后浪推前浪，莘莘学子，奋意昂扬。教授耆老，时俊英杰，济济汇聚，筑我上财之殿堂，焕乎兮炜炜煌煌。

而今校园，红楼细瓦，连华重葩，青青子衿，弦诵悠扬。若夫阳春之来，中花蔼蔼，玉树青葱；述及金秋时序，桂香袅袅，风篁成韵。雍雍杏坛，掌养俊逸学子，秉「厚德博学」之训，涵韫超拔人品，浩浩学府，培育卓然之才，持「经济匡时」之志，高蹈业界之表。

门下弟子，精英辈出，为国守要津，董大业，理财富，并砥柱于中流。举校之志，通识天下，视寓海外，国际化、现代化、信息化，旌扬感召，奔赴未来。建多学科，研究型、高水平之学府，求卓越，铸精品，凝重内涵之愿景，唤我奋然翱翔。

百年校史，百年激扬，俱怀意气，为国育才，为民族昌盛，请聆我奏凯之华章。

李笑野　二〇一七年九月

第十六章 文化建设与校园景观

【上财赋】

大化驰轮，上财创校百年，凝视所来路，激扬坎坷，欻为国富强，精神所寄，其坚韧不懈，足令人荡气回肠。

神州自座商学殿堂，实诞生于国之切望。郭公秉文草创基业，国立上海商学院，耀然晖鉴于世间。数任校长，苦芹迁岁，筹巨薮，礼硕学，寻校舍，饮誉海内兮，俊才情成栋梁。本校使命，厥为商科新义：世界潮流，商业竞争，国所攸赖。勇破传统理念，慨寻国富新径，值世之维艰分，来昔导夫先路！

开校尔来，硕彦踵至，携欧美之识，设学筵讲，擅时之胜，洵比名山坛席；临高望远，帆樯世布，抚全球长风，万商汇聚，名师巨埠，堪育鸿传鹄侣。课业维新，追逐世界之潮，而究商业真谛。

惟国不靖，校多艰虞。淞沪变起，纵横锋镝，烽烟原烁，故园校址两建两焚，巍峨黉宇，一炬无遗。先赁屋于尚贤堂间，复寻舍于中州路上，纵迁移无定兮，而弦歌粲然赓叙。

五星雄立，百废俱兴，校亦嗣逢其盛；孙公治方，筹惜校治，院系调整，高师名系，纷

-311-

【办学铭】

沉狮渐醒，经济开萌。南高肇始，育才事功。
辛酉适沪，商大初隆。郭氏秉文，中西阔通。
为商制术，视野阔宏。以诚立校，唯才是用。
三育并举，蔚然成风。四个平衡，恒以为宗。
壬申新运，自立沪东。国立上商，使命日崇。
育人为本，学术兼重。经济匡时，世代训诵。

乾坤再造，事业日兴。上海财院，鸿儒满庭。
戊午复校，薪火传承。追求卓越，特色鲜明。
面向社会，务实求真。经世济国，立德树人。
经管引领，诸科并擎。三型三力，锻造菁英。
探索真理，资政启民。一流三化，锐意创新。
海纳百川，有华乃馨。百年上财，基业长青。

应望江
二〇一七年九月

第十六章 文化建设与校园景观

【 校史文化 】

《上海财经大学90年（1917-2007）》（2007）

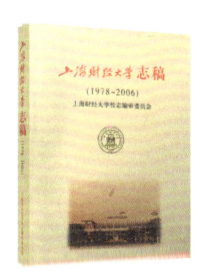

《上海财经大学志稿（1978-2006）》（2007）

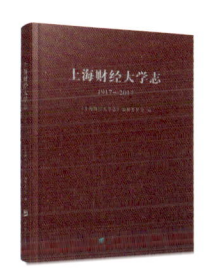

《上海财经大学志（1917-2017）》（2017）

《姚耐院长纪念集》（2008）

《郭秉文与上海商科大学》（2010）

《国立上海商学院史料选辑》（2012）

《图说上财：1917-2017》（2017）

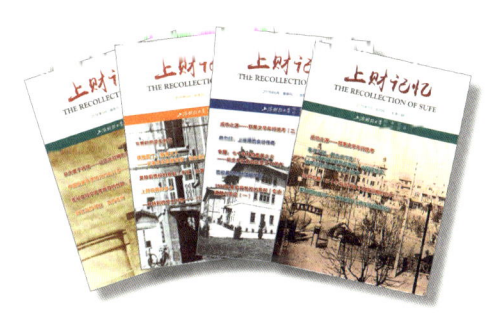

上财记忆（2015— ）

校史专题研究

图说上财：1917—2017

【校园景观】

郭秉文塑像（2015年11月学校98周年校庆期间落成）

马寅初塑像（2016年11月学校99周年校庆期间）

孙冶方塑像（2007年11月学校90周年校庆期间落成）

姚耐塑像（2009年1月9日落成）

第十六章　文化建设与校园景观

姚耐题字石（2015年11月学校98周年校庆期间落成）

复建国立上海商学院老校门（2016年11月学校99周年校庆期间落成）

图说上财：1917—2017

育衡楼

图书馆

体育馆

谈敏
上海财经大学党委书记
任期 1998 年 4 月—2004 年 6 月
上海财经大学校长
任期 1998 年 12 月—2012 年 6 月

马钦荣
上海财经大学党委书记
任期 2004 年 7 月 –2012 年 6 月

丛树海
上海财经大学党委书记
任期 2012 年 6 月—

樊丽明
上海财经大学校长
任期 2012 年 6 月—

后记

经过大家的共同努力,《图说上财:1917—2017》终于在上海财经大学百年华诞之际出版。这是一本记录上海财经大学百年发展历史的书,是一份我们献给学校百年华诞的生日礼物。

《图说上财:1917—2017》是一本图文结合的书,图作为书的基础和重要元素,是本书的特点也是编写中的难点。近年来,档案馆、校史馆开展了系列史料征集、研究工作,足迹遍布全国各地。编撰人员多次赴中国第二历史档案馆、国家图书馆、上海市档案馆、上海图书馆、南京图书馆、北京大学图书馆、南京大学档案馆、东南大学档案馆等广泛查阅学校历史档案、文献和出版物;西到新疆、北到吉林、南到福建,找寻线索、寻访校友上百人。我们通过各种途径、方式征集到大批珍贵史料,包括1926年上海商科大学的毕业证书、周恩来总理签发的副院长任命状等。这些史料增强了我们编写这本书的信心,也提高了这本书的分量和质量。几年来的努力与收获也在这本书中得以呈现。

本书的档案文献、历史图片来源较为复杂,主要来自上海财经大学档案馆馆藏,部分来自中国第二历史档案馆、国家图书馆、上海市档案馆、上海图书馆、南京图书馆、北京大学图书馆、南京大学档案馆、东南大学档案馆,部分来自校友捐赠或其他途径征集到的史料,部分来自网络和数据库。马学强、鲍世望先生协助提供了翻拍的相关历史图片。对各方给予的支持与帮助，在此表示衷心地感谢。因图片数量较大，恕我们无法在此一一列举或在书中处处标注！若有不妥之处，请与我们联系。

档案馆、校史馆成立了专门的编写组，喻世红任主编。本书共四篇十六章，其中第一章至第九章由陈玉琴、罗盘负责撰稿，第十章至第十六章由喻世红、韩云云负责撰稿，高冰冰参与了书稿的多次集体审校，最后由喻世红负责统稿。编者虽无良史之才，却希望本书"其文直，其事核"，客观地叙述上财百年历史。

本书的编写得到了校领导的关心和校内各单位的大力支持，樊丽明校长为本书作序。本书书稿曾先后送交多位老领导、老教授及相关领导和专家审阅，我们根据意见进行了多次修改和完善。本书得到上海财经大学出版社的部分资助。囿于编写时间紧张、档案史料缺乏及编者水平有限等因素，恐书中仍有错讹之处，恳请各位读者不吝赐教。

编者

2017 年 8 月

勘误表